Ornicar?

CAMPO FREUDIANO NO BRASIL
Coleção dirigida por Jacques-Alain e Judith Miller
Assessoria brasileira: Angelina Harari

ORNICAR?

1

De Jacques Lacan a Lewis Carroll

organização:
Jacques-Alain Miller

Jorge Zahar Editor
Rio de Janeiro

Tradução: André Telles
Os artigos "Nota sobre a honra", "Nota sobre a vergonha" e "Como engolir a pílula?" foram traduzidos respectivamente por Marcus André Vieira, Vera Avellar Ribeiro e Sérgio de Mattos, e revistos por A. Telles

Tradução autorizada de uma seleção de *Ornicar?*, Revista do Campo Freudiano, ano XXVIII, n.50, edição especial, publicada em 2003 por Navarin Éditeur, de Paris, França

Jorge Zahar Editor Ltda.
rua México 31 sobreloja
20031-144 Rio de Janeiro, RJ
tel.: (21) 2240-0226 / fax: (21) 2262-5123
e-mail: jze@zahar.com.br
site: www.zahar.com.br

Arte da capa: Sérgio Campante
Logotipo concebido por Pierre Faucheux

CIP–Brasil. Catalogação-na-fonte
Sindicato Nacional dos Editores de Livros, RJ.

O81 Ornicar?: 1. De Jacques Lacan a Lewis Carroll / organização Jacques-Alain Miller; tradução, André Telles... [et al.]. – Rio de Janeiro: Jorge Zahar Ed., 2004
(Campo Freudiano no Brasil; 1)

Tradução de: Ornicar?
Tradução autorizada de uma seleção de Ornicar?, Revista do Campo Freudiano, ano XXVIII, no 50, edição especial, publicada em 2003.
ISBN 85-7110-807-2

1. Psicanálise. I. Miller, Jacques-Alain. II. Série.

CDD 150.195
04-1867 CDU 159.964.2

Sumário

JACQUES LACAN

Homenagem a Lewis Carroll

Lewis Carroll ilustra todo tipo de verdades com sua obra, chegando até mesmo a comprová-las. Verdades sólidas, embora não evidentes. Ali discernimos que, sem nos servir de qualquer distúrbio, podemos produzir o mal-estar, mas que desse mal-estar decorre um júbilo singular.

Coloco a ênfase nesse aspecto, em primeiro lugar, a fim de descartar a confusão ameaçadora se porventura afirmasse que é a psicanálise que melhor pode dar conta do efeito dessa obra. É que, além disso, não é essa psicanálise a que corre por aí.

Só a psicanálise ilumina o alcance de objeto absoluto que pode assumir a menina. Isto porque ela encarna uma entidade negativa, que leva um nome que não devo pronunciar aqui caso não queira embarcar meus ouvintes nas confusões corriqueiras.

Da menina, Lewis Carroll fez-se o servo, é ela o objeto por ele desenhado, é ela o ouvido que quer alcançar, é ela a quem se dirige verdadeiramente dentre todos nós. Como essa obra nos atinge a todos depois disso é o que só pode conceber com clareza uma teoria determinada sobre o que é preciso denominar sujeito, a permitida pela psicanálise.

Quanto a esse aspecto, a curiosidade se encarrega de saber como Lewis Carroll conseguiu isso. A curiosidade não será saciada, pois a biografia desse homem que manteve um escrupuloso diário também nos escapa. Decerto é a história que predomina no tratamento psicanalítico da verdade, mas não constitui sua única dimensão: a estrutura a domina. Fazem-se melhores críticas literárias lá onde se sabe disso.

Fazer crítica aqui seria a ação apropriada à eminência da obra, a qual, devemos lembrar, conquistou o mundo. Fato que faz o pedagogo passar ridículo ao tergiversar se de fato é aquilo que convém dar para nossos filhos lerem. É preciso dizer que o cúmulo do ridículo nesse sentido é representado por um psicanalista não obstante esclarecido — digamos seu nome, Schilder[1] — que denuncia nessa obra incitação à agressividade e tendência à recusa da realidade. Não se chega tão longe em matéria de contra-senso sobre os efeitos psicológicos da obra de arte.

Logo, devemos interrogar o que se poderia chamar a princípio de romance mítico, um termo vago, que iria espalhar suas raízes em todos os sentidos, e bem longe. Conviria rapidamente voltar a isso, com a referência preciosa de que justamente o país das maravilhas, o para-além do espelho, o casal angustiante de Sílvia e Bruno evadidos das terras de alhures não são nem mitos, nem mito, e que o imaginário deve ser distinguido deles. Nem o texto nem o enredo recorrem a nenhuma ressonância de significações consideradas profundas. Não se evoca nem gênese, nem tragédia, nem destino.

Então, como essa obra tem tanta influência? Aí é que mora o segredo, o qual diz respeito à rede mais pura de nossa condição de ser: o simbólico, o imaginário e o real. Os três registros pelos quais introduzi um ensino — que não pretende inovar, mas restabelecer certo rigor na experiência da psicanálise — ei-los operando no estado puro suas relações mais simples.

Das imagens faz-se puro jogo de combinações, mas quais efeitos de vertigem são então obtidos? Das combinações elabora-se o plano de todo tipo de dimensões virtuais, mas são aquelas que dão acesso à realidade afinal de contas mais segura, a do impossível subitamente tornado familiar. Podemos nos estender à vontade sobre o poder do jogo de palavras: nesse caso também, quantas determinações a serem fornecidas, e acima de tudo que não se vá acreditar que se trata de uma pretensa articulação infantil, ou mesmo primitiva. Como prova digo apenas que encontramos seu melhor estilo na boca do sarcástico que zomba de um otário pedante falando-lhe de *sylligisme*, o que este engole sem perceber que aquele irá carregar por toda parte dessa palavra sua identidade de pobre "biruta": *Silly*. Maldade nisso, salubridade, e parente da tirada, a se destacar que o jogo de palavras em Carroll é sempre inequívoco.

Resulta daí um exercício sem pedantismo, que no final das contas me parece preparar Alice Lidell — para evocar qualquer leitora viva a ter pela primeira vez deslizado nesse coração da terra que não abriga nenhuma caverna — para ali encontrar problemas tão precisos quanto este: que só se transpõe uma porta se for de seu tamanho, aprendendo com o coelho apressado efetivamente a medida da absoluta alteridade da preocupação do passante. Que esta Alice, digo, tenha certa exigência de rigor. Para resumir, que não estará disposta a aceitar que lhe anunciem a aritmética dizendo-lhe que não se somam alhos com bugalhos, pêras com alho-poró — lorota bem elaborada para impedir às crianças o simples manejo de todos os problemas sobre os quais sua inteligência vai ser questionada.

Isso é transição — uma vez que, afinal de contas, não tenho tempo, mas somente o de empurrar portas sem sequer adentrar o lugar que abrem — para chegar ao próprio autor neste momento de homenagem, pois não lhe faremos justiça, a ele como a qualquer outro, caso não partamos da idéia de que as pretensas discordâncias da personalidade só têm importância se nelas reconhecermos a necessidade para onde se dirigem.

Há claramente, como nos dizem, Lewis Carroll, o sonhador, o poeta, o apaixonado se quiserem, e Lewis Carroll, o lógico, o professor de matemática. Lewis Carroll é bem dividido, se lhes soa bem, mas ambos são necessários à realização da obra.

Quanto à inclinação de Lewis Carroll pela menina impúbere — seu gênio não reside nisso. Nós, psicanalistas, não precisamos de nossos clientes para saber onde isso vai parar no final num jardim público. Seu ensino de professor tampouco rompe com as engrenagens: em plena época de renascimento da lógica e de inauguração da forma matemática desde então aprendida, Lewis Carroll, por mais divertidos sejam seus exercícios, permanece na esteira de Aristóteles. Mas é claramente da conjuração das duas posições que brota essa maravilha, ainda indecifrada, e para sempre deslumbrante: sua obra.

Sabemos da importância que deram a isso, e ainda dão, os surrealistas. Não é para mim ocasião de expandir minha exigência de método, a despeito de algum espírito sectário.

Lewis Carroll, e faço questão de lembrar, era religioso, religioso da fé mais ingenuamente, tacanhamente paroquial possível, ainda que esse termo ao qual devem conferir sua cor mais crua lhes inspire repulsa. Há cartas em que praticamente rompe com um amigo, um colega honrado, porque existem assuntos a que não se deve sequer aludir, aqueles que podem suscitar a dúvida, ainda que apenas aparentemente, sobre a verdade radical da existência de Deus, de seu benefício para o homem, do ensino sobre ele mais racionalmente transmitido. Digo que isso tem seu papel na unidade, no equilíbrio que realiza a obra. Essa espécie de felicidade por ela alcançada deve-se a esse toque de guache, a adjunção extra a nossos dois Lewis Carroll, se os compreendem assim, do que chamaremos pelo nome com que foi abençoado ao ouvido de uma história, a história ainda em curso: um pobre de espírito.

Gostaria de enunciar o que me parece a co-relação mais eficaz para situar Lewis Carroll: é o épico da era científica. Não é à-toa que *Alice* é publicada ao mesmo tempo que *A origem das espécies*, de que é, se podemos dizer, a oposição. Registro épico portanto, que provavelmente exprime-se como idílio dentro da ideologia. A co-relação dos desenhos de que Carroll era tão cioso nos anuncia as bandas, quero dizer, as tiras de quadrinhos. Vou rápido para dizer que, no final das contas, a técnica garante com isso uma dialética materializada — que me entendam fugazmente os que forem capazes.

Ilustração e prova, eu disse, é assim sem emoção que terei falado dessa obra, e isso me parece de acordo com a ordem autêntica de seu frêmito.

Para um psicanalista essa obra é um lugar eleito para demonstrar a verdadeira natureza da sublimação na obra de arte. Recuperação de um certo objeto, como disse em outra nota que fiz recentemente sobre Marguerite Duras, de quem gostaria muito de ouvir falar da obra como romancista.

É sempre na prática que a teoria acaba tendo de passar a mão.

Texto pronunciado em 31 de dezembro na France Culture, sob o título "Comentário de um psicanalista". Transcrição de Marlène Belilos a partir da fita sonora. Texto estabelecido por J.-A. Miller.

SOPHIE MARRET

Lacan sobre Lewis Carroll
ou
"Assim, em turbulosos pensamentos quedava"[1]

"10 de março de 1863: passei na residência do deão para organizar os detalhes de nossa expedição desta noite[2] e pegar emprestada uma história natural que possa me ajudar a ilustrar as *Aventuras de Alice*", anota Lewis Carroll em seu diário.[3] As ilustrações dos célebres contos inspiravam-se então em pranchas dos naturalistas. Os desenhos que Carroll realizou para a primeira versão manuscrita da obra,[4] bem como as gravuras mais conhecidas de Tenniel que acompanhavam, em 1865, a edição das *Aventuras de Alice no País das Maravilhas*",[5] permitem pensar que a analogia referia-se tanto ao princípio como ao conteúdo, o que aliás é confirmado pelo tratamento didático dispensado pelo narrador ao leitor: "Se você não souber o que é um grifo, olhe a ilustração."[6] Naquela metade de século marcada por Darwin (*A origem das espécies* data de 1859), o elo estabelecido por Carroll entre as *Aventuras de Alice* e a história natural mostrou-se essencial. Lacan ressalta o seguinte: "Não é à-toa que *Alice* é publicada ao mesmo tempo que *A origem das espécies*, de que é, se podemos dizer, a oposição. Registro épico portanto, que provavelmente exprime-se como idílio dentro da ideologia." As Alice são produto da era científica. Celebram-na sob forma de ficção ao mesmo tempo que a interrogam.

A ILUSTRAÇÃO E A PROVA

"Para que pode servir um livro sem imagens nem diálogos?",[7] indaga-se Alice no início de suas aventuras. A menina está entediada, as leituras de sua irmã não conseguem distraí-la em nada. Falando do uso dos livros (sua função demonstrativa e didática se acha visada, mais que seu alcance recreativo), ela nos ensina que as palavras, sozinhas, são inúteis. Então Alice adormece e sonha. O relato de seu sonho será repleto de ilustrações. A obra possui a estrutura de um tratado científico. O sonho ali já se acha associado à formalização de um saber.

Uma escrita científica

Contemporâneo de Venn e De Morgan na origem da matematização da lógica, Charles Lutwidge Dodgson, aliás Lewis Carroll, professor de matemática em Oxford, foi autor de uma dezena de manuais de álgebra, geometria e, sobretudo, lógica. Antecipando a axiomatização da geometria realizada por Hilbert, empenhou-se sobretudo em organizar logicamente as proposições de Euclides, bem como em conceber uma linguagem simbólica que lhe permitisse evitar, em matéria de álgebra e de lógica, as ambigüidades das línguas naturais. A essa visada correspondia sua preocupação em traduzir a silogística aristotélica em representações diagramáticas.[8] Ele apresentou seus diagramas quadrados em "A lógica simbólica",[9] paralelamente a um método indicial de resolução dos silogismos. Os tratados de história da lógica contemporânea ainda fazem referência à modernidade de seu procedimento. Ele mesmo qualificou esse manual ao qual, no fim de sua vida, dedicou toda sua energia, como "obra destinada a Deus".[10]

Seus contos nonsense verificaram-se de feição semelhante a seus tratados de matemática, chegando a lhes servir de modelo, uma vez que apresentou sua última obra de geometria, intitulada *Euclides e seus rivais modernos*,[11] sob a forma de um relato de ficção dialogado. Não devemos reduzir essa proposta pedagógica à mera intenção de entreter o leitor. A obra matemática de Lewis Carroll inscreve-se no movimento que levou da matematização da lógica à logicização da matemática impulsionada por Frege. O triunfo da ciência é contemporâneo do aperfeiçoamento de suas ferramentas, da elaboração de um método, de que participa a ênfase marcada sobre o que Lacan qualifica como "dialética materializada": "Ilustração e prova." Ernest Coumet assinala que Carroll assimilou a lição de seus contemporâneos:

> O mérito pessoal de Venn é ter visto nos diagramas uma coisa diferente de uma ilustração aproximativa; contra os "conceitualistas" como Mansel, que contestavam até a possibilidade de representar conceitos por figuras espaciais, ele, ao contrário, estabelece como princípio que deve haver equivalência de estrutura entre os esquemas e as relações expressas verbalmente por proposições ... Será que se quer algo além de uma imageria sugestiva? Não seríamos capazes de analisar com muita

clareza o uso que se pretende fazer das representações gráficas. Mas feito isso, teremos justamente a partir daí um método que será ao mesmo tempo intuitivo e rigoroso. Foi precisamente nesse espírito que o próprio Carroll meditou para depois, como mestre experiente, juntar, graças a essa dupla vantagem, o útil ao agradável.[12]

Se a obra literária e a obra matemática de Lewis Carroll apresentam afinidades, nem a introdução da ficção em sérios manuais de lógica nem o vestígio do "espírito do matemático" no texto nonsense são razões essenciais para isso, como no entanto sugeria a crítica. Devem-se antes ao procedimento científico que plasma a escrita de *Alice*, em que se desdobram, ao mesmo tempo, intuições referentes ao impossível lógico e o tema do inconsciente excluído pelo discurso da ciência.

A oposição entre pensamento racional e emergência do inconsciente percorre efetivamente sua obra, a ponto de ele conceber seus *Problemas de travesseiro*,[13] dedicado aos "matemáticos comuns" a fim de que ocupassem seu espírito resolvendo problemas matemáticos e dele expulsassem as obsessões intrusivas demais, em caso de dificuldade para pegarem no sono. A lógica contra a emoção, até mesmo contra o desejo — Lacan insiste mais em seu comentário sobre a divisão de Carroll entre a lógica e seu "amor" pelas menininhas, a lógica e o sonho, seu conservadorismo e o gênio de suas intuições, que entre obra matemática e obra literária, como foi o caso da crítica — eis claramente a antinomia que informa as duas vertentes de sua obra literária. Embora assinasse seus contos com seu pseudônimo e seus tratados de matemática sob seu patrônimo (e mantivesse à distância seu duplo literário), "A lógica simbólica" foi publicada sob o nome de Lewis Carroll, marcando finalmente o encontro desses dois campos em seus trabalhos. O caráter puramente factual de seu diário atesta, aliás, sua vontade de não deixar transparecer nada do que o impulsionava. Provavelmente isso contribuiu para a afirmação de Lacan segundo a qual "a curiosidade [de saber como Carroll conseguiu isso] não será saciada, pois a biografia desse homem, que manteve um escrupuloso diário, também nos escapa". Se, portanto, Lacan nos diz falar de Carroll "sem emoção... em consonância com a ordem autêntica de seu frêmito", é sob a condição de levar a ficção a sério, de captar o que ela deve ao próprio procedimento da lógica, mas sob a condição também de ver nisso o desafio de uma interrogação referente à racionalidade científica, de onde adveio a emergência de um outro saber a respeito do inconsciente.

A ciência e o mito

A esse título Lacan pode afirmar que "Lewis Carroll ilustra todo tipo de verdades com sua obra, chegando até mesmo a comprová-las". A confecção de uma obra, ao se apoiar na ciência, seria propícia ao surgimento de um saber "que não se sabe"?[14] Lacan assinalava, três anos depois dessa intervenção, no *Avesso da psicanálise*, que o sujeito do inconsciente decorre logicamente do advento do discurso da ciência: "Por mais besta que seja esse discurso do inconsciente, ele corresponde a algo do âmbito da instituição do próprio discurso do mestre. É isso que se chama inconsciente. Ele se impõe à ciência como um fato."[15] Convém reportar esse enunciado a uma afirmação anterior incidindo sobre a oposição entre a matemática e o saber mítico: "É com isso que a matemática representa o saber do mestre enquanto constituído sobre leis diferentes daquelas do saber mítico. Em suma, o saber do mestre se produz como um saber inteiramente autônomo do saber mítico, e é isso que chamamos ciência."[16] Ao qualificar, numa primeira fase, o gênero de relato de onde derivam as *Aventuras de Alice* ou ainda *Sílvia e Bruno*[17] como "romance mítico", Lacan recai de fato nessa escolha: "Conviria rapidamente voltar a isso, com a referência preciosa de que justamente o país das maravilhas, o para-além do espelho, o casal angustiante de Sílvia e Bruno evadidos das terras de alhures não são nem mitos, nem mito, e que o imaginário deve ser distinguido deles. Nem o texto nem o enredo recorrem a nenhuma ressonância de significações consideradas profundas. Não é evocado nem gênese, nem tragédia, nem destino." Devemos em primeiro lugar reportar esse enunciado ao artigo de Paul Schilder citado por Lacan e incisivamente condenado.[18] Ao se inscrever na tradição que concebe o romance exclusivamente como "mito individual do neurótico", Schilder pretende captar, na obra literária, as fantasias do sujeito, inclusive os indícios da suposta esquizofrenia de Carroll. Ele não foi o único a levantar esta última hipótese. Lacan a repudia, lembrando que não se deve reduzir a divisão do sujeito à esquizofrenia: "... para chegar ao próprio autor neste momento de homenagem, pois não lhe faremos justiça, a ele como a outro qualquer, caso não partamos da idéia de que as pretensas discordâncias da personalidade só têm importância se nelas reconhecermos a necessidade para onde se dirigem. ... Lewis Carroll é bem dividido, se lhes soa bem, mas os dois são necessários à realização da obra." É claramente a esse tipo de abordagens bastante difundidas em 1966 que Lacan está se referindo ao dizer que não devemos tomar as obras de Carroll por mitos e buscar deduzir nelas significações ditas profundas. No entanto, sua observação vai bem além disso. Com ela, reporta o mito à dimensão da significação, de acordo com a expressão "saber mítico", que ele opõe à matemática. Visa com isso também a proximidade estrutural entre a obra de Carroll e a lógica.

PEDAGOGIA E SUBVERSÃO

É importante lembrar o contexto em que foi pronunciada sua homenagem a Lewis Carroll. Trata-se de uma intervenção radiofônica transmitida pela France Culture em 31 de dezembro de 1966, no âmbito de um programa de Jacques Brunius, intitulado "Lewis Carroll, mestre da escola silvestre", que possivelmente marcava o centenário de publicação de *Aventuras de Alice no País das Maravilhas*.[19] Observemos que em 1998, ocasião em que foi celebrado o centenário da morte de Lewis Carroll, a France Culture retransmitiu esse programa nos dias 29 e 30 de agosto, cortado, em particular a intervenção de Lacan. O ponto de vista da psicanálise ficou portanto sem representante ali. Denis de Rougemont, em contrapartida, destacava que as *Aventuras de Alice* dizem respeito à "liberdade mais fundamental da criança", que é "a de crescer ou não", assim como à "angústia que acompanha o aprendizado das operações matemáticas aritméticas mais simples". Amarga constatação, a de que uma psicologia simplista fundada no eu fosse a única a obter difusão. A comparação no entanto acaba ressaltando o alcance da intervenção de Lacan. O esquecimento desta última, jamais mencionado pelos principais críticos carrollianos, por sinal mereceria ser interrogado.

Um esquecimento

"Em 1971, os redatores franceses desse *Cahier* ainda eram um grupo de 'especialistas', cúmplices em sua afeição e numa relativa marginalidade", indica Jean Gattégno no prefácio que escreveu para a reedição do número dos *Cahiers de l'Herne* dedicado a Lewis Carroll.[20] Este último está, com efeito, entre os autores universalmente lidos e conhecidos, abundantemente comentados, mas cujo lugar no cânone literário inglês permanece incerto. Além disso, a especificidade de um diálogo fundado no nonsense provavelmente contribuiu para que relativamente poucos estudos universitários lhe fossem dedicados. Jean Gattégno observa então o caráter ainda confidencial da crítica carrolliana em 1971, com motivos mais fortes em 1968, um contexto que poderia no entanto ter se tornado favorável àquilo por que Lacan se interessara. Em lugar disso, retraçando o desenvolvimento da crítica carrolliana em torno dos anos 70, Jean Gattégno conclui: "Em contrapartida, a leitura propriamente freudiana, talvez porque o trabalho essencial tenha sido feito por William Empson e Phyllis Greenacre, presentes neste caderno, não prosperou em nada."[21] Ele afirma isso em 1987. Autor de uma tese universitária sobre Lewis Carroll na coleção da Pléiade, Jean Gattégno nunca soube da intervenção de Lacan? Em todo caso ela não é assinalada em nenhuma das obras ou bibliografias que me foram dadas percorrer. As contribuições de William Empson e de Phyllis Greenacre, que são aquelas contra as quais Lacan se levanta, são em contrapartida citadas em tudo que é lugar. William Empson recorre discretamente às fantasias do autor para estudar a simbólica da obra.[22] Sua proposta é mostrar que as *Alice* constituem uma pastoral da infância. Phyllis Greenacre busca captar a significação inconsciente da obra a partir de um estudo psicanalítico da biografia de Carroll.[23] Essas perspectivas nada têm em comum com a análise proposta por Lacan. A forma radiofônica de sua intervenção provavelmente contribuiu para que não subsistisse vestígio nas memórias, mas não seria capaz de explicar inteiramente esse esquecimento por parte dos carrollianos. Tudo indica que seu alcance ainda não lhes era audível, em razão sobretudo da ênfase que ele faz incidir sobre o real. A exploração do plano imaginário da fantasia (para o qual, claro, as interpretações mais extravagantes e contraditórias foram sugeridas) verifica-se mais tranqüilizadora ao fornecer uma significação justamente quando Lacan ressalta o quanto o texto penetra para além dessa dimensão, deixando antes entrever a articulação dos três registros, simbólico, imaginário e real: "Os três registros pelos quais introduzi um ensino que não pretende inovar, mas restabelecer algum rigor na experiência da psicanálise, ei-los operando no estado puro suas relações mais simples."

Um autor subversivo

Ele decerto não era o único, em 1966, no âmbito desse programa, a enfatizar a lógica na obra de Carroll, mas cabe observar que nenhum dos outros comentários difundidos pelo rádio em 1998 conseguia se libertar do plano da significação, à exceção talvez do de Philippe Sollers, ao salientar que o nonsense diz respeito ao trabalho da linguagem, com que se aproxima da obra de Freud, sem no entanto se aprofundar mais. Se a maior parte dos comentários (em sua maioria da lavra de escritores célebres) busca tirar ensinamentos do texto de Carroll, é na medida em que este último seria portador de uma lição. Assim, André Maurois fala, a propósito de *Alice*, da "arte de dizer coisas muito profundas e difíceis mascarando-as sob uma história inverossímil". Vê ali "uma sátira da sociedade vitoriana, a mais amarga já escrita". André Breton, em sua *Antologia do humor negro*, citado no contexto do programa, fazia de Carroll "nosso primeiro professorzinho silvestre". Vê no nonsense "a solução vital de uma contradição profunda entre a aceitação da fé e o exercício da razão, por um lado, e de outro entre a consciência poética aguda e os rigorosos deveres profissionais". Acrescenta: "A característica dessa solução subjetiva é se duplicar numa solução objetiva de ordem poética." É possivelmente a ele que Lacan está respondendo ao acentuar o conservadorismo religioso de Carroll: "Sabemos da importância que deram a isso, e ainda dão, os surrealistas. Não é para mim ocasião de expandir minha exigência de método, a despeito de algum espírito sectário. Lewis Carroll, e faço questão de lembrar, era religioso, religioso da fé mais ingenuamente, tacanhamente paroquial possível, ainda que esse termo ao qual devem conferir sua cor mais crua lhes inspire repulsa." Breton não consegue dar conta daquilo que tem sua fonte na divisão do sujeito entre saber e verdade. Em contrapartida, Lacan recusa-se a considerar esse efeito de divisão como uma contradição resolvida pelo absurdo.

Outros, a exemplo de Breton, faziam de Carroll um mestre na arte da subversão. Raymond Queneau afirma que sentiu grande prazer na leitura de Carroll, que coloca ao lado do marquês de Sade. Eugène Ionesco indica mais sutilmente que *Alice* é um "pesadelo puro", celebrando, porém, seu poder de subversão. A obra se aproxima, segundo ele, o mais perto possível da visão das crianças, que é "repleta de terror", ali onde a lógica dos adultos tem como função esconder "o medo fundamental". Quanto a Marguerite Duras, que comenta as cartas de Carroll para as amiguinhas, enuncia: "Usou dessa lógica e dessa moral para zombar delas próprias como nunca nos fora nos dado ver." Ela se atém ao poder de subversão moral da obra ali onde Lacan destaca que, pelo trabalho da lógica que a governa, ela desemboca num saber referente ao impossível, a exemplo da própria obra de Marguerite Duras. Compreende-se que Lacan tivesse realmente gostado "muito de ouvi-la falar também da obra como romancista". Claude Roy, ao contrário, situa as *Alice* entre os três livros "arquétipos da consciência e do inconsciente britânicos", ao lado da Bíblia e de Shakespeare. As *Aventuras de Alice*, constata, são um precioso auxiliar para os chefes de Estado, os parlamentares, os jornalistas e os diretores de teatro. É que o conto encerra uma sabedoria: "Espelho do absurdo universal", propõe uma "visão libertadora do mundo". O livro comprova-se, de fato, um verdadeiro "instrumento prático": Alice ali "encontra sempre a atitude mais correta na vida", pois "não cede nunca diante do que considera idiota ou mau". Aí se vê esboçado o paradoxo constante das leituras de *Alice*, celebrando ora virtudes edificantes, ora seu poder de subversão.

Essa contradição se repete, mais dialetizada, na crítica contemporânea, concluindo sempre com a resolução da obra num sentido dado. Em *Lewis Carroll*, Jean Gattégno coloca a ênfase na vertente formadora da obra. Defendia ali uma tese de orientação piagetiana segundo a qual as revoltas de Alice lhe dão acesso à descoberta de si própria,[24] participam do recuo de seu egocentrismo graças à descoberta que ela faz do mundo exterior,[25] e correspondem à passagem da criança da fase pré-lógica para a fase lógica,[26] em sua trajetória para a idade adulta. Donald Rackin prefere insistir em seu tom subversivo.[27] Para ele, o amadurecimento de Alice consiste em uma constatação da desordem subjacente a uma impressão de ordem racional do mundo. Ele não descarta o alcance pedagógico da obra, mas assim é levado a colocá-la em tensão com seu poder de subversão. É também o que faz Kathleen Blake em *Play Games and Sports*, quando mostra que os *Alice Books* celebram a regra, mas que com isso colocam a questão de saber que regra respeitar, permitindo uma denúncia das convenções vitorianas.[28] Em *Estruturas lógicas e representações do desejo*, Henri Laporte insiste nos limites do poder subversivo da obra de Carroll.[29] Os *Alice Books* atestam, segundo ele, uma impossibilidade total de imaginar o princípio de prazer, assim como as formalizações estruturalistas contra as quais ele se insurge, pois sustenta que repousam na repressão social do prazer que transforma o desejo em ausência. Todas essas teses levam em conta a ambigüidade fundamental da obra de Carroll, mas privilegiando um de seus aspectos. Por sua vez, em *Philosophy of Nonsense*, Jean-Jacques Lecercle conclui que o nonsense é um gênero fundamentalmente paradoxal, que, ao mesmo tempo que sustenta a regra, a subverte.[30] Chega bem perto da constatação aqui formulada por Lacan segundo a qual "Lewis Carroll é bem dividido, se lhes soa bem, mas os dois são necessários à realização da obra".

Contradição e divisão

Resolver a ambigüidade da obra mostra-se de fato necessário caso só se consiga focalizá-la como mensagem, portadora de uma significação, como fez a maioria dos comentadores da obra, salvo Jean-Jacques Lecercle, capaz de integrar a contradição graças à tese que adota: "A língua fala", ela veicula discursos independentemente do querer dizer do locutor. No contexto de 1966, todas as intervenções difundidas pela France-Culture permaneceram prisioneiras de uma abordagem quase alegórica da obra. A de Lacan opera uma ruptura: "Nem o texto nem o enredo, afirma, recorrem a nenhuma ressonância de significações consideradas profundas." O saber carregado pelo texto vê-se sempre confundido, pelos outros participantes do programa, com o do autor. Isso é perceptível, sobretudo na exposição de Françoise Brocas e no prefácio feito por Pierre Mabille para a tradução de André Bay, citada no âmbito do programa. Ele vê em Carroll um "profeta da revolução profunda que há um século se realizou nos domínios da lógica, da razão e, mais particularmente, da logística matemática", usando para "exprimir um mesmo pensamento, ora a forma poética, ora a forma matemática". Isso é desprezar, lembra Lacan, que "em plena época de renascimento da lógica e de inauguração da forma matemática desde então aprendida, Lewis Carroll, por mais divertidos sejam seus exercícios, permanece na esteira de Aristóteles". Françoise Brocas coloca a ênfase no saber matemático alojado na obra literária, para dela fazer principalmente uma "demonstração, pelo absurdo, de que o sentido do tempo não pode ser alterado." Para ela a matemática refere-se à inscrição de um saber científico na obra, saber assimilado pelo autor e fornecido pelo texto concebido como demonstração.

Em 1969, em *Lógica do sentido*, foi a vez de Gilles Deleuze se interessar pelas *Alice*, consideradas exemplares de uma visada em perspectiva do trabalho do sentido.[31] O neologismo carrolliano desvelaria a fundação do sentido sobre uma "casa de tabuleiro vazia", pelo viés da qual significado e significante se articulam na superfície da linguagem e do ser. Ele opõe ali Carroll a Artaud. Para este último, a linguagem não teria mais superfície. Artaud seria, de certo modo, um revolucionário nato, um autêntico praticante da esquizolingüística pregada pelo filósofo. Além do caráter contestável de sua abordagem da esquizofrenia e do substrato ideológico em que repousa, Deleuze, paradoxalmente, sustenta essa tese ao preço de desdenhar a obra lógica de Carroll, que considera derivar da significação e não do sentido. Afasta com isso as contradições da obra literária considerada entre a defesa de teses conservadoras em matéria de lógica e linguagem e as intuições semânticas, até mesmo formalistas, que nela se inscrevem. Não se detém, igualmente, nos efeitos de divisão no nível da estrutura do sujeito como constitutivos da obra. Se Lacan sugere que "é a psicanálise que melhor pode dar conta do efeito dessa obra", convém já apreender como sua intervenção ilustra que só a psicanálise pode dar conta das contradições da obra, não como da inscrição de um paradoxo mas como um efeito da divisão do sujeito entre saber e verdade, tal como a definiu nessa época em "A ciência e a verdade": "Esse fio não nos guiou em vão, já que nos levou a formular, no fim do ano, nossa divisão experimentada do sujeito como divisão entre o saber e a verdade."[32] Essa divisão do sujeito é precisamente evacuada pela psicanálise, à qual se refere Paul Schilder ao reduzir a inscrição do saber inconsciente no texto a uma perigosa pedagogia da subversão. Esse livro não deve circular por todas as mãos, assinala, pois funda-se numa "agressividade primária".[33] Carroll é, segundo ele, um autor "particularmente destrutivo". "Podemos nos perguntar, conclui, se uma literatura assim não corre o risco de agravar as atitudes destrutivas para além da medida desejável."[34] O que lhe causa horror, no texto, é o inconsciente que ali aflora. Para ele o que é preciso salvar são as ilusões do eu.

Mito e estrutura

"O mito é isso, a tentativa de dar forma épica ao que se opera da estrutura",[35] escreve mais tarde Lacan em *Televisão*. Embora a obra de Carroll se veja co-relacionada ao "épico da era científica", é também aquilo que abre acesso em suas linhas para um saber sobre o inconsciente. A dimensão do épico remete essencialmente à forma narrativa, à ficção (podemos nos referir sobre esse ponto à definição fornecida pelo *Littré*). O épico é aquilo por meio do qual o imaginário da obra permite alcançar um saber referente à estrutura. O épico é também o imaginário reduzido à sua "consistência real",[36] à sua relação com os dois outros registros do real e do simbólico. "Das imagens faz-se puro jogo de combinações, mas que efeitos de vertigem são então obtidos?", observa Lacan quando procura responder à pergunta "como essa obra tem tanta influência?". "Decerto é a história que predomina no tratamento psicanalítico da verdade, mas não constitui sua única dimensão: a estrutura a domina", esclarece Lacan em sua intervenção, visando a história individual do sujeito. Nesse sentido, o texto de Carroll não poderia ser qualificado de mito se nos reportássemos à definição posterior que Lacan apresenta em *Televisão*? "Em suma, o meio-dizer é a lei interna de qualquer espécie de enunciação da verdade, e o que o encarna melhor é o mito",[37] escreve, por sinal, em *O avesso da psicanálise*. O paradoxo não passa de superfície, o texto de Carroll é orientado pela ciência, mas, em virtude de jogar sobre seus limites, deixa despontar no relato o que ela exclui.

Não conceberia Lacan as contradições manifestas do texto como uma modalidade de acesso ao impossível lógico, ao abrir sua intervenção com um enunciado destinado a salientar seus efeitos aparentemente paradoxais: "Ali discernimos que, sem nos servir de nenhum distúrbio, podemos produzir o mal-estar, mas que desse mal-estar decorre um júbilo singular?" O impossível lógico ali se vê de imediato visado, "o mito não poderia ter aqui outro sentido senão aquele ao qual o reduzi, o de um enunciado do impossível",[38] enuncia Lacan no *Avesso da psicanálise*. "Coloco a ênfase nesse aspecto em primeiro lugar, a fim de descartar a confusão ameaçadora se porventura afirmasse que é a psicanálise que melhor pode dar conta do efeito dessa obra." Constata-se, de fato, que as outras abordagens críticas da época tinham tentado evacuar o impossível que já se manifestava nos efeitos contraditórios da obra. Só a psicanálise pode dar conta do saber sobre o real embutido na obra, ali onde as outras leituras tendem antes a mascará-lo. Isso deve ter permanecido suficientemente obscuro para que essa intervenção fosse esquecida por eles. "Lewis Carroll ilustra com sua obra todo tipo de verdades, chegando até mesmo comprová-las. Verdades sólidas, embora não evidentes." É que as verdades de que se trata referem-se à verdade do inconsciente (Lacan volta algumas linhas adiante ao termo verdade, dessa vez no singular), aquelas que Édipo pretendeu saber.[39]

"Para o analisante que está aí, no $\$$, o conteúdo é seu saber. Está-se aí para alcançar que ele saiba tudo o que não sabe ao mesmo tempo em que o sabe. É isso o inconsciente", indica Lacan em *O avesso da psicanálise*, numa época em que o conceito de verdade ainda é privilegiado. Se a verdade só pode semidizer-se, é que ela toca no real, como assinala ainda Lacan em *Televisão*: "Sempre digo a verdade: não toda, porque dizê-la toda não se consegue. Dizê-la toda é impossível, materialmente: faltam palavras. É por esse impossível, inclusive, que a verdade tem a ver com o real."[40] O saber inconsciente alojado no texto de Carroll incide sobre o real.

VERDADES

Nunca seria demais lembrar as afinidades das obras "nonsênsicas" de Lewis Carroll e das formações do inconsciente, como comprova o que ele diz sobre sua origem no prefácio de *Sílvia e Bruno*. Todos os seus escritos, de fato, nasceram a partir de idéias e fragmentos de diálogos que lhe vinham à mente e que ele anotou a fim de não esquecê-los, embora nem sempre conseguisse relacioná-los a uma causa precisa:

> Às vezes era possível descobrir a fonte desses fulgores intelectuais brotados ao acaso, seja por que fossem sugeridos pelo livro que eu estava lendo, ou produzidos pelo choque, sobre o "sílex" de meu espírito, pelo "aço" de uma observação feita subitamente por um amigo; mas tinham também uma forma bem própria de despontarem a propósito de nada, espécimes desse fenômeno incuravelmente ilógico, "o efeito sem causa". Este foi o caso para o último verso da *Caça ao snark*, que surgiu em mim ... de repente, durante um passeio ..., ao longo de *sonhos*, e que me foi impossível relacionar à menor causa anterior."[41]

O nonsense verifica-se próximo do sonho e com isso apropriado para permitir o afloramento das verdades do inconsciente. "Efeito sem causa", surgido "a propósito de nada" — seríamos antes tentados a dizer efeito de uma causa indiscernível pela lógica e inapreensível pelo significante, efeito do nada —, a escrita da obra acha-se aqui associada a uma origem qualificada como "ilógica". Situa-se, portanto, segundo seus próprios termos, numa relação estreita com a disciplina predileta do matemático, mas refere-se a seu avesso: "Efeito sem causa", não se poderia ver perfilar-se nessa confissão a intuição de que a obra se origina do impossível lógico?

Épuras

Lembremos que, ao escrever essas linhas, Carroll tinha acabado de concluir seu último conto, passando a se dedicar integralmente à redação de "A lógica simbólica". Assim, os textos de Carroll acham-se enredados em neologismos que remetem exclusivamente a um referente ausente, até mesmo imaginário. Carroll recusou de fato que o *snark* fosse representado por uma ilustração.[42] Além disso, os neologismos de "Pargarávio", poema nonsênsico inserido em *Através do espelho*,[43] não remetem a uma imagem, assim como a explicação dele fornecida por Humpty-Dumpty não consegue formar uma representação das criaturas por eles designadas: "O gaiolouvo é uma ave magricela de aspecto andrajoso com as penas espetadas para todo lado: lembra muito um esfregão vivo."[44] Ou ainda:

> "E que são touvos?"
> "Pois, bem, os touvos são um tanto parecidos com os texugos... têm um pouco de lagartos... e lembram muito um saca-rolha."
> "Devem ser criaturas de aspecto muito estranho."[45]

Essas descrições pouco satisfatórias parecem ter como função impedir o leitor de congelar essas criaturas numa imagem.

"Ali discernimos [na obra de Carroll], assinala Lacan, que, sem nos servir de nenhum distúrbio, podemos produzir o mal-estar, mas que desse mal-estar decorre um júbilo singular." O nonsense de fato permanece no registro do maravilhoso e não do fantástico. Não repousa, como *Frankenstein* ou *Drácula*, dois dos maiores mitos oriundos da literatura anglo-saxã, na intuição de que a angústia desponta quando o objeto *a* se presentifica no real. Quando o Padeiro finalmente encontra o *snark*, realiza a profecia de seu tio e desaparece exclamando: "É um pa..." O objeto de angústia encontrado vê-se ali representado por um significante impronunciável. O narrador conclui: "Pois esse *snark* era um boujeum, imaginem"[46] ("*you see*" em inglês, ou seja: "vejam vocês"). O leitor precisamente não vê nada, e permanece diante de dois significantes que malogram ao representar um referente qualquer. O mal-estar (*A caça ao snark* revela-se um pesadelo) transforma-se em júbilo.

"Quando *eu uso* uma palavra... ela significa exatamente o que quero que signifique: nem mais, nem menos", dirá por sinal Humpty-Dumpty, o ovo lingüista do mundo do espelho.[47] Se o restante do capítulo dedica-se a denunciar as pretensões do personagem, Lacan destaca em "Função e campo da fala e da linguagem em psicanálise" "que, afinal de contas, ele é o mestre e senhor do significante, se não é do significado em que seu ser adquiriu forma".[48] A língua de Carroll, por seus textos, se matematiza, os neologismos aparecem como uma abundância de letras que rompem com as próprias concepções do autor referentes à linguagem.

Profundamente ligado a Aristóteles, Lewis Carroll não conseguiu todavia transpor o fosso e assumir o custo ontológico implicado pela ruptura da lógica com as línguas naturais. Assim, adotou posições conservadoras a respeito das contribuições de seus contemporâneos. Defendeu sobretudo a tese segundo a qual os universais teriam um alcance existencial, contra a interpretação sugerida por John Venn para essas proposições, que julgava hipotéticas. Carroll não podia romper com a idéia de que a palavra dá acesso ao ser da coisa, como comprova sua definição do termo "definição" em "A lógica simbólica". Ciente do fato, é a própria coisa que se trata para ele de capturar:

> É evidente que todo membro de uma *espécie* é igualmente membro do *gênero* de onde foi retirada essa espécie, que ele possui a *diferença* dessa espécie. Pode, por conseguinte, ser representado por um nome composto de duas partes, uma sendo

> um nome representando um membro qualquer do gênero, a outra sendo a diferença dessa espécie. Esse nome é chamado a *definição* de um membro qualquer dessa espécie, e dar a esse membro tal nome chama-se *defini*-lo.[49]

A definição deve, além disso, obedecer à natureza da coisa. O alcance ontológico da lógica para Lewis Carroll desenha-se aí ainda com nitidez: ela é veiculada pela palavra que tem por função apresentar o ser.

Ao contrário dessa perspectiva, os neologismos de "Pargarávio", bem como as afirmações nominalistas de Humpty-Dumpty, colocam em jogo uma intuição do arbitrário do signo, sublinhando a barra que separa o significante do significado. Significantes reduzidos à épura de sua função, os neologismos carrollianos confirmam a análise de Lacan, que cinge o mecanismo combinatório de seus textos nos seguintes termos: "Das imagens, faz-se puro jogo de combinações", antes de insistir no "poder dos jogos de palavras".

Combinações

Convém, além disso, mencionar a parte preponderante dos diálogos nas obras de Carroll, em particular nas *Alice*. As conversas nonsênsicas, fundadas no malentendido, contribuem para que o texto se reduza a uma sucessão de jogos de linguagem, minando as concepções vitorianas, não obstante defendidas pelo autor e situadas em seu princípio. "O nonsense reflete ..., em sua prática lingüística, o discurso mantido pelos especialistas da linguagem", especialmente Horne Took, Trench e Max Müller, assinala Jean-Jaques Lecercle, "a concepção implícita que guia essa prática é que a linguagem é um instrumento de comunicação, que é preciso corrigir suas imperfeições, mas não deixar contudo de celebrar seus poderes. Esses três *topois* desenham a tendência principal do discurso sobre a língua ao longo de todo o século XIX inglês."[50]

Longe das abundantes produções metafóricas engendradas na crítica pelos textos de Carroll, a sistematização dos jogos de linguagem contribui ao contrário para fazer das imagens "puro jogo de combinações". Lacan dá como exemplo o termo *sylligism* extraído de *Sílvia e Bruno*.[51] Poderíamos citar ainda a conversa de Alice com a Tartaruga Falsa, a propósito da escola:

> *"I only took the regular course."*
> *"What was that?" inquired Alice.*

"Reeling and Writhing, of course, and then the different branches of Arithmetic — Ambition, Distraction, Uglification, Derision."[52]

"Só fiz o curso regular."

"E como era?", quis saber Alice.

"Lentura e Estrita, é claro, para começar", respondeu a Tartaruga Falsa; "e depois os diferentes ramos da Aritmética: Ambição, Subversão, Desembelezação e Distração."[53]

"O jogo de palavras em Carroll é sempre sem equívoco", aponta Lacan. É puro agenciamento de significados sem criação de sentido. Jean-Jacques Lecercle mostrou como o nonsense sempre se apóia no literal para impedir a metáfora.[54] A proliferação das significações abertas pelo jogo de palavras (não raro ruim) vê-se ali reduzida a um número limitado e estritamente controlado de possibilidades. Os jogos de palavras da Tartaruga Falsa, assinala Jean-Jacques Lecercle, são organizados em uma série ela própria governada pela paranomásia (o jogo sobre a similaridade), não permitindo nem confusão verdadeira (nenhum erro de interpretação é possível), nem criação de sentido. Com a univocidade como ideal, o nonsense mantém assim sob controle as ambigüidades da língua, previne qualquer produção inédita de sentido, qualquer imprecisão interpretativa. Esse modo de funcionamento contribui para a matematização da linguagem, fazendo da língua "puro jogo de combinações". Ali, igualmente, o nonsense se vê participando da era científica ao antecipar a definição saussuriana como sistema diferencial de signos.

Da semântica à sintaxe

Além disso, o nonsense desloca a ênfase da semântica para a sintaxe. A estrutura da primeira estrofe do poema "Pargarávio" é um exemplo flagrante disso:

Twas brillig, and the slithy toves
Did gyre and gimble in the wabe:
All mimsy were the borogrovos,
And the mome raths outgrabe.[55]

R.D. Sutherland salientou as engrenagens sintáticas dessa seqüência:

Twas___, and the ___y ___s
Did___ and___ in the___:

All___ y were the___s
And the ___ ___s ___.”[56]

As marcas do plural, os “y” terminações adjetivais permitem ao leitor atribuir função gramatical a cada um dos termos utilizados. Henri Parisot conservou o princípio em sua tradução francesa [bem como a tradução brasileira, que substitui a seguir a versão francesa (N.T.)]:

Solumbrava, e os lubriciosos touvos
Em vertigiros persondavam as verdentes;
Trisciturnos calavam-se os gaiolouvos
E os porverdidos estriguilavam fientes.[57]

A observância de uma estrutura sintática coerente contribui para a legibilidade do poema, que, embora desprovido de significação, não deixa de fazer sentido por isso. Ao tomar conhecimento desse poema pela primeira vez, Alice de fato exclama:

“Parece muito bonito”, disse quando terminou, mas é um *pouco* difícil de entender!” (Como você vê, não queria confessar nem para si mesma que não entendera patavina.) “Seja como for, parece encher minha cabeça de idéias... só que não sei exatamente que idéias são. De todo modo, *alguém* matou *alguma coisa*: isto está claro, pelo menos...”[58]

O neologismo surge aí como uma forma vazia. Não propicia nesse instante uma *criação* de sentido. Além disso, com esse deslocamento da semântica para a centralidade da sintaxe, Carroll antecipa o movimento concluído por Frege, que devia permitir fazer da lógica a armadura da matemática. O silogismo do Gato de Cheshire é um exemplo flagrante dessas intuições:

“Somos todos loucos aqui. Eu sou louco. Você é louca.”
“Como sabe que sou louca?”, perguntou Alice.
“Só pode ser”, respondeu o Gato, “ou não teria vindo parar aqui.”
Alice não achava que isso provasse coisa alguma; apesar disso, continuou: “E como sabe que você é louco?”
“Para começar”, disse o Gato, “um cachorro não é louco. Admite isso?”
“Suponho que sim”, disse Alice.

"Pois bem", continuou o Gato, "você sabe, um cachorro rosna quando está zangado e abana a cauda quando está contente. Ora, eu rosno quando estou contente e abano a cauda quando estou zangado. Portanto sou louco."

"Chamo isso ronronar, não rosnar", disse Alice.

"Chame como quiser", disse o Gato.[59]

Embora o Gato se apóie num silogismo para provar a Alice que é louco, é levado a fazer da lógica assunto de sintaxe quando afirma que o fato de que rosne ou ronrone não afeta a validade de seu raciocínio. Além disso, seu erro principal é efetivamente de ordem sintática e não semântica, uma vez que não poderia concluir nada diferente de: "Não sou um cachorro." A conversa deles conclui-se finalmente por último mal-entendido, dessa vez de ordem semântica. Alice acaba de lhe contar que o bebê se transformou em porco, o Gato desaparece alguns minutos, depois volta e lhe pergunta: "porco ou corpo"?[60] Jean-Jacques Lecercle apresenta esse exemplo como uma antecipação das teses estruturalistas relativas ao valor diferencial dos fonemas: o teste proposto pelo Gato refere-se a um par mínimo, uma vez que em inglês as palavras em questão são *pig* e *fig*. Esse exemplo também reduz a linguagem a um puro jogo de combinações, ainda mais que a resposta à pergunta (situada no plano da semântica) parece de fato sem importância. Deduz-se a partir disso que o saber que acaba de se alojar no texto nonsênsico contraria as teses defendidas por Lewis Carroll, que se ateve antes a preservar o privilégio da semântica.

"Das imagens faz-se puro jogo de combinações, mas que efeitos de vertigem são então obtidos? Das combinações, prossegue Lacan, elabora-se o plano de todo tipo de dimensões virtuais, mas são aquelas que dão acesso à realidade afinal de contas mais segura, a do impossível subitamente tornado familiar." Alguns dos silogismos propostos por Carroll em "A lógica simbólica" conservam vestígios dessa vertigem em exemplos como este: "O que é compreensível nunca me intriga, a lógica me intriga, a lógica é incompreensível." O fracasso desse tratado comprova efetivamente os impasses encontrados e que Carroll talvez tenha condensado nesse neologismo em forma de confissão *sylligism*: o silogismo degradado à tolice. A lógica acaba por esbarrar no sujeito e no real, a obra literária de Carroll é prova disso.

O sujeito do inconsciente

Os jogos de palavras nonsênsicos malogram ao manter a metáfora em xeque, o que Alice também indica ao sonhar depois de ter lido "Pargarávio": "Seja como for, parece encher minha cabeça de idéias..." Embora acrescente: "...só que não sei exatamente que idéias são!"[62] Talvez estejamos tocando com isso justamente num saber velado referente à função do equívoco que o nonsense visa particularmente a evitar. Assim, certos jogos de palavras contribuem antes para evidenciar o que as expressões mais comuns devem à metáfora. Quando, à guisa de introdução ao assunto, a Lagarta faz a Alice a banal pergunta: "Quem é você?", ela lhe pede que decline seu nome e sua identidade social. Esta lhe responde: "Eu... mal sei, Sir, neste exato momento... pelo menos sei quem era quando me levantei esta manhã, mas acho que já passei por várias mudanças desde então."[63] Ela faz dessa pergunta comum uma interrogação existencial segundo o que a preocupa no momento. Os enunciados mais corriqueiros tornam-se suscetíveis de interpretações diversas, as competências do locutor não estando aqui em questão mas sim a carga subjetiva de que se reveste esse enunciado para Alice. Essa pergunta é assim produzida como uma metáfora congelada. A conversa entre a menina e a Lagarta desdobra-se, a partir disso, como um desafio verbal (princípio de funcionamento dos diálogos nonsênsicos, como mostrou Jean-Jacques Lecercle) no qual se opõem o desejo da Lagarta que luta para permanecer no registro do senso comum (a metamorfose a espera e isso parece ser justamente aquilo de que ela não quer saber) e o de Alice, que quer encontrar uma resposta para sua pergunta sobre o ser. O mal-entendido é vertigem na medida em que nele aflora o sujeito.

Quando a Lagarta a leva a explicar sua sensação de não ser mais ela mesma, ela responde: "Não consigo me lembrar das coisas como antes... e não fico do mesmo tamanho por dez minutos seguidos!",[64] Alice a atribui apenas em segundo plano a suas mudanças de tamanho. Insiste antes no fato de que "isso fala". A Lagarta lhe pede para ser mais clara: "Não consegue se lembrar de que coisas?" — Alice responde com voz tristonha: "Bem, tentei recitar 'Como pode a abelhinha atarefada", mas saiu tudo diferente."[65] De certo modo, Alice faz disso a experiência da divisão subjetiva: não é mais senhora dos enunciados que produz. Palavras que não tinha intenção de dizer surgiram. Sua experiência evoca a que presidiu para Lewis Carroll a escrita dos contos. O nonsense abre para a intuição do sujeito do inconsciente.

Por meio de inversões semelhantes, as narrativas de Carroll arruínam a esperança de fazer das línguas naturais a ferramenta da racionalidade lógica. Suas visadas ontológicas são reduzidas a nada. A única resposta à pergunta sobre a identidade verifica-se uma tautologia "*I am I*".[66] Além disso, Alice produz ela mesma esse enunciado desde o início de suas aventuras. Traz à tona, de um lado, a ausência de identidade consigo mesma (pelo fato de um significante não poder se significar a si próprio, o segundo *I* é diferente do primeiro), de outro, que o significante que designa o sujeito é uma marca vazia de sentido.

O impossível

Provavelmente a experiência de Alice e o texto "nonsênsico" mostram-se apropriados para ilustrar esse enunciado de Lacan em "O objeto da psicanálise" (seminário contemporâneo de sua participação na France-Culture), que visa precisamente a definir o real como o impossível: "Tudo o que nos advém pelo [sujeito] do real, inscreve-se em primeiro lugar no registro do impossível, do impossível realizado. O real no qual se forja o padrão do recorte subjetivo é esse real que conhecemos bem, embora o encontremos no avesso, de certo modo, de nossa linguagem, sempre que queremos realmente cerrar o que cabe ao real; o real é sempre o impossível."[67] Do impossível, Alice não pára de fazer a experiência a partir do momento em que se vê confrontada com os limites da linguagem.

"Sempre que falamos de alguma coisa que se chama sujeito, fazemos dele um um", indica adiante Lacan. "Ora, o que se trata de conceber é justamente isso: que o nome do sujeito é isso. Falta o um para designá-lo. O que o substitui? O que vem fazer função desse um? Seguramente várias coisas bem diferentes, o objeto *a*, de um lado, por exemplo, e o nome próprio, do outro, preenchem a mesma função. Fica bem claro que não se pode compreender nada nem em sua distinção, pois, quando se percebe que exercem a mesma função acredita-se que é a mesma coisa, nem no fato de que exercem a mesma função."[68] Do ponto de vista do leitor, desta vez, o personagem de Alice contribui para deixar entrever essas dimensões distintas, que no entanto exercem função equivalente. O nome próprio Alice, bem como a imagem e a ilustração são marcas do um, ao passo que a Alice em si nos ensina sobre a função do nome próprio como abordagem do S_1.

Lacan assinala, além disso, o valor fálico da menina, outro ponto que situa o encontro com o impossível no texto de Carroll: "Só a psicanálise ilumina o alcance de objeto absoluto que pode assumir a menina. Isto porque ela encarna uma entidade negativa, que leva um nome que não devo pronunciar aqui caso não queira embarcar meus ouvintes nas confusões corriqueiras. Da menina, Lewis Carroll fez-se o servo, é ela o objeto por ele desenhado, é ela o ouvido que quer alcançar, é ela a quem se dirige verdadeiramente dentre todos nós." Não nos surpreende encontrar outra referência a Alice em "O objeto da psicanálise" a propósito de seu comentário acerca do quadro de Velásquez, *As meninas*: "Será que esse ser, nessa posição de vida fixada, diz a respeito do infante, nessa morte que nos faz, através dos séculos, surgir como quase vivo, à maneira da mosca geológica presa no âmbar, será que, por tê-lo feito passar por dizer seu 'faça ver' de nosso lado, não evocamos, a seu propósito, essa mesma imagem, essa mesma fábula do pulo de Alice que nos estimula a mergulhar, segundo um artifício que a literatura carrolliana e até Jean Cocteau usaram e abusaram, na travessia do espelho?";[69] ou ainda: "Aqui, nossa pequena Alice, em sua esfera, representante, é de fato como a Alice carrolliana, com pelo menos um elemento que, já usei sua metáfora, apresenta-se como figuras de cartas. Esse rei e a essa rainha cujos rompantes intempestivos limitam-se à decisão 'cortem-lhe a cabeça'."[70] A infante, a fenda, é o signo que ocupa o lugar do objeto decaído, do olhar do pintor; o personagem de Alice, construído por meio de seu nome e sua imagem, figura a divisão do sujeito e revela "sobre o próprio falo que ele não passa desse ponto de falta que indica no sujeito".[71] Alice, com efeito, não tem imagem no espelho mas gostaria de ver o que se encontra além e o que não se pode ver:

> Primeiro há a sala que você pode ver através do espelho, só que as coisas trocam de lado. Posso ver a sala toda quando subo numa cadeira... afora o pedacinho atrás da lareira. Oh! Gostaria tanto de poder ver esse pedacinho![72]

Transpondo a moldura do espelho, ela sente que se torna invisível: "Acho que não podem me escutar", continuou, baixando mais a cabeça, "e tenho quase certeza de que não podem me ver. Alguma coisa me diz que estou invisível..."[73] Alice é um nome, uma incipiente imagem, sobre o nada, que as ilustrações de Tenniel fazem oscilar no registro de um incipiente ideal vitoriano.

Alice é uma figura profundamente contraditória. Dá corpo a um ideal fundado no desejo de abolir esse desejo, ao passo que não deixa de ser uma encarnação do sujeito desejante. Seu caráter híbrido e seus desejos antinômicos contribuem para indicar como o sujeito se co-relaciona ao impossível.[74] Às contradições de Alice acrescentam-se as do texto, entre alegria e mal-estar, entre a defesa que ele opera das teses conservadoras do autor e sua obstinação em minar seus fundamentos, entre uma prática de escrita que visa a cientificidade e o desvelamento do real, bem como do sujeito do inconsciente ao qual procede.

O texto é ele próprio evocação paradigmática do impossível lógico. Seria preciso ao mesmo tempo o matemático e "o sonhador, o poeta, o apaixonado, se quiserem", para que *Alice* nascesse. Lacan ressalta: "Mas é claramente da conjuração das duas posições que brota essa maravilha, ainda indecifrada, e para sempre deslumbrante: sua obra." No que se refere ao que da obra aborda a vertente do real, "decorre o mal-estar", mas também esse "júbilo singular", sinal de que ela é "um lugar eleito para demonstrar a verdadeira natureza da sublimação na obra de arte". "A prática da letra (para aí) converge com o uso do inconsciente."[75] O texto se constrói em torno de uma imagem fálica que vela e desvela "o objeto indescritível",[76] mas sua própria escrita se faz litoral: "Foi assim que me vi, no final das contas, de posse de uma enorme massa de literatura — se o leitor fizer a vênia de desculpar esse ortógrafo —, muito pouco manejável, que bastava simplesmente ligar graças ao fio de uma história seguida para constituir o livro que eu esperava escrever",[77] afirma Carroll no prefácio de *Sílvia e Bruno*, falando da composição de obras a partir de enunciados surgidos não se sabe de onde e de fragmentos de sonhos. Confirma, por meio do jogo de palavras que partilha com Joyce,[78] o quanto de sua arte procede ao "resgate de um certo objeto".

ÉRIC LAURENT

Como engolir a pílula?

Como engolir a pílula no âmago do discurso da psicanálise? A questão diz respeito ao conjunto dos membros da Associação Mundial de Psicanálise. Como engoli-la quando o discurso psicanalítico veio à luz em um campo que dispunha de poucos medicamentos, pouco eficazes, tendo muito pouca incidência. Durante muito tempo a relação da psicanálise com o medicamento situou-se como uma relação de exterioridade. Freud contudo conheceu em vida, no final de sua vida, uma primeira revolução terapêutica. Nos anos 1930, as terapias de choque, deduzidas das novas descobertas sobre o sistema nervoso, eram aplicadas às psicoses. O que se experimentava nesse campo era o eletrochoque e o choque por coma insulínico concebido pelo vienense Sakel. O próprio Freud teve em análise de formação o introdutor dos métodos de Sakel nos EUA, Joseph Wortis. Mas a revolução terapêutica que nós conhecemos, aquela do medicamento, só começou no fim dos anos 1950, com a irrupção da cloropromazina inaugurando a série dos neurolépticos. No início dos anos 1960, a imipramina inaugurava a série dos antidepressivos. Em seguida as benzodiazepinas, prescritas como ansiolíticos, sem efeitos marcantes aparentes, permitiram uma grande difusão do medicamento psicotrópico para além das categorias da psicose. Assistimos ao mesmo tempo à generalização do uso de hipnóticos e ao reencontro do velho lítio. Atualmente, as "gerações" de antidepressivos sucessivos introduziram definitivamente o medicamento na categoria de objeto científico efêmero. Esse status temporal transitório confere dignidade aos objetos produzidos pela ciência. Há "gerações" de antidepressivos como há "gerações" de computadores.

Estamos hoje mergulhados no medicamento. Ele está onipresente em nosso campo e vem abalando a clínica. Define ideais de eficácia, transforma as instituições médicas, triunfa sobre a tradição e os significantes-mestres. É objeto de demandas neuróticas, de exigências psicóticas e de usos perversos. É objeto de perseguição e de rejeição. Instala-se, expande-se, sente-se perfeitamente em casa em nosso campo. Será ele nosso mestre?

Se ele tem o dom da ubiqüidade, então já não estaria lá antes que o soubéssemos, mas sob outras formas? A natureza farmacocinética do efeito do medicamento não é da alçada de nossa disciplina, mas ignoraríamos por isso a dimensão do medicamento?

Freud situou o analista como representante do pai na transferência, avalista da adequação das palavras à pulsão mediante a interpretação psicanalítica. Foi mais tarde, na geração dos anos 1930, aquela que denominamos pós-freudiana, que o psicanalista apareceu como objeto, em várias versões. Para Melanie Klein, mãe genial, consistia no seio magnífico. Michaël Balint, médico inspirado pela demanda histérica, colocou-se a si próprio como medicamento reparador. Para ele, particularmente preocupado com a eficácia terapêutica, como a tradição húngara na psicanálise, é o psicanalista que se prescreve a si mesmo. Ele é o medicamento escondido no dispositivo. Foi a revelação que Balint quis transmitir aos médicos clínicos: "Antes de tudo, o medicamento é você!"

A panacéia éramos nós, e não sabíamos disso. Longe de eliminar a dimensão do medicamento, nós jamais a havíamos deixado, nós a cobríamos no seu conjunto. Éramos coextensivos do medicamento. Podemos dar uma versão mais moderna dessa concepção. A transferência faz produzir as endorfinas porque proporciona prazer ao sujeito. Este se aplica durante a sessão. Freud ignorava essa satisfação obtida do analista-objeto? Freud mesmo, cuja época conhecia na farmacopéia das doenças mentais sobretudo os anestésicos mais brutais, começou por buscar novas substâncias. É um dos inventores da cocaína. Ele sempre acentuou a importância dos anestésicos e das drogas para uma dada sociedade. Em *Mal-estar na civilização* nos dá o testemunho em sua obra. Mas a verdadeira relação de Freud com o *agalma* do medicamento pode ser examinada em seu sonho da "injeção de Irma". É uma relação epistêmica. Ele procura o poder de cura da trimetilamina e depara-se com sua fórmula. Não há outra palavra senão a palavra, ou não há outra letra senão a letra, diz Lacan, inspirando-se na fórmula muçulmana.

Não é o medicamento como objeto epistêmico que iremos primeiramente abordar. É o medicamento como objeto libidinal, que se apresenta sob quatro formas distintas: o *phármakon*, o *placebo*, o *"mais de vida"*, o *anestésico*.

I. AS FORMAS LIBIDINAIS DO MEDICAMENTO

O phármakon

É certo que para Freud, como para nós, o medicamento apresentou-se de maneira inseparável de seu avesso, a substância tóxica. Para Freud como para Platão lido por Derrida, o remédio logo se revela como um mal. Em o *Fedro,* o deus Thamus dirige-se a Thoth, o inventor da escrita. Esse remédio, "dispensando os homens de exercerem sua memória, produzirá o esquecimento, eles buscarão fora, nos caracteres estrangeiros, e não dentro e graças a si mesmos, o meio de se relembrar ... não é para a memória, é muito mais para o procedimento de recordar que você encontrou um remédio."[1]

Phármakon designa na mesma palavra o remédio e o mal. Freud captou desde o início essa dimensão quando não apreciou, em seu justo valor, a dimensão do hábito no uso da cocaína. Não é esta sua primeira percepção do para-além do princípio do prazer? O sujeito procura a homeostase e o bem-estar do organismo e encontra o terrível hábito, o aumento das doses, a dependência.

O medicamento é sempre suscetível de virar veneno. Pelo hábito e a necessidade do novo, faz aparecer uma espécie de *automaton* natural da repetição no organismo.

Como assinalava Valéry, que se cuidava bastante, "o próprio organismo, aprecia o novo, enfastia-se em alguns anos da medicação reinante, recusa-se a curar-se caso não o interessemos com excitações inéditas". O medicamento revela, por sua dimensão biológica própria, um aspecto do que deriva da dimensão do inconsciente transbiológico. O medicamento tem estranhas relações com a repetição. Se o encontramos onipresente em nosso campo, não seria por que combina muito bem com esse parasita do organismo que é o inconsciente?

Não se sente ele em sua casa no corpo pela falha no organismo atestada pelo inconsciente? A apetência subjetiva vem alojar-se nele.

Se o tóxico nos introduz a um "a mais" do medicamento que interessa ao sujeito, há outra dimensão do medicamento que se refere mais à libido. É o fenômeno chamado placebo. Uma substância não eficaz biologicamente pode enganar o organismo por um certo tempo, em certas afecções.

O placebo

O efeito placebo é freqüentemente interpretado como uma espécie de sugestão impura inseparável do medicamento. A experiência parece autorizar uma vontade de subtrair a dimensão subjetiva como artefato. É a maneira menos interessante de situar o problema. Ela esmaga a lógica ali encoberta. É preciso tratar o placebo como uma articulação do verdadeiro e do falso no corpo.

Para nos fazer percebê-la, François Dagognet apresenta primeiro um matema simples: (x = a – y), e o comenta assim: "A prova subtrativa que autoriza o uso do placebo peca por seu infeliz substantivismo. Inspira a ilusão de que a equação do (x = a – y) vai nos entregar, finalmente, o medicamento em sua nudez e em sua autenticidade."[2] Para além dessa ilusão, elogia o procedimento lógico mediante o qual se faz uso do falso para atingir o verdadeiro. Por outro lado, ressalta que "o que estraga essa prova farmacológica são as conclusões abusivas que os experimentadores crêem daí poder tirar: imaginam ter expulsado do medicamento suas franjas de indeterminação, arrancado toda contingência, até mesmo eliminado as névoas psicoterápicas que turvam seu realismo e suas claras definições. O remédio — tema para a filosofia das ciências biológicas e nosso *leitmotiv* — só é probabilidade, de modo algum realidade e menos ainda necessidade. Seu poder é da ordem do possível e do eventual, nunca da certeza. ... o erro substancialista que não deixaremos de denunciar e o falso realismo ressurgem com a esperança de uma subtração que revelaria um real terapêutico sem equívoco. ... é impossível livrar essas potências de sua contingência, de uma certa indeterminação. Se a primeira advertência condena irrecorrivelmente o ceticismo, a segunda afasta a crença ontológica".[3]

Nessa perspectiva, o placebo não é para ser utilizado de maneira subtrativa. Ele revela simplesmente que todo medicamento é inseparável de uma ação subjetiva. Uma substância ativa e que cura é ainda mais placebo do que a outra, o placebo inativo, artificial. "Uma substância que cura induz sua própria crença nela mesma." O placebo, de fato, deve nos separar da ilusão substancial. Não há possibilidade de separar o medicamento de seu sujeito. O sonho da pureza bioquímica é uma ilusão, mas o sonho do isolamento da crença no medicamento como sugestão também o é.

O mais-de-libido

O efeito libidinalizante do medicamento, sua esperança de condensação de um mais de vida está presente desde as primeiras manifestações da farmacopéia. Ela é extraída não somente das plantas, como dos corpos. "Os mundos humano e animal, sem se excluírem, entram na loja do boticário, aproximadamente todos os animais encontram lugar na farmacopéia, é impossível designar um órgão ou uma excreção que não tenha sido utilizada."[4] Digamos que os enxertos de órgãos foram inicialmente produtos da fantasia antes de serem efetivos e operantes. O organismo tenta recuperar sua parte vivente.

Em nosso campo, é com os medicamentos da libido que essa dimensão se manifesta. Nessa categoria podemos agrupar o que a princípio apareceu como uma extensão dos hormônios. Essas são as primeiras "substâncias químicas cujos efeitos são exercidos à distância". A palavra vem do grego *ormao*, "excito", mas à distância. O modelo comunicacional em biologia — que descreve a ação de uma substância em termos de linguagem, de mensagem, de código, mensageiro e receptor — generalizou o que a princípio estava centrado no hormônio e em seu aspecto "revigorante" inicial. O hormônio era mensagem de vida. O medicamento é aí designado como um engodo diferente do placebo. Ele pode enganar o sujeito na sua relação com o "sentimento de vida". Quando o sujeito perde a segurança de uma relação harmoniosa com essa vida, quando perde seu corpo libidinal, o antidepressivo afirma-se capaz de enviar uma mensagem enganosa. Interferindo na mensagem de dor, mediante um novo gozo, ele a confunde. Ele se afirma capaz de fazer esquecer a infelicidade do sujeito. Faz isso bem melhor que o álcool, antidepressivo e ansiolítico de amplo espectro, reconhecido por Freud por produzir o esquecimento pelo acesso a um gozo imediato que libera do mundo.

Para além da extensão do modelo comunicacional, os hormônios, em seu sentido próprio, nos interessam sobretudo pela inibição realizada pelo contraceptivo. Isso permitirá isolar como tal a relação do sujeito com o "sentimento de vida". Ao separarem procriação e ato sexual, os contraceptivos têm tido o papel de analisadores espectrais do desejo de filho. Eles o isolaram como tal, separado de qualquer outra vontade. As procriações assistidas, elevadas à segunda potência, separaram a possibilidade da obtenção da criança do desejo sexual. É possível obter a criança de modo mecânico, técnico, qualquer que seja o desejo em jogo. A criança pode então se apresentar como objeto de demanda e até de exigência. Antes era assim, mas a dimensão do desejo, da demanda, da exigência e da necessidade estavam misturadas na contingência da procriação. Foi o medicamento que operou uma verdadeira difração dessas diferentes dimensões. Ele resulta em novas patologias que, sem ele, não teriam aparecido. Um verdadeiro efeito-sujeito é assim produzido.

É preciso inscrever nesse mesmo registro os medicamentos da estimulação direta da ereção no homem como o Viagra e seu equivalente para as mulheres, que vem sendo pesquisado. Esses não são medicamentos da libido mas analisadores da libido. Uma vez adquirida a ereção ou a secreção, é preciso poder usá-las de maneira satisfatória. Digamos que os medicamentos da libido revelam e escondem ao mesmo tempo a relação do sujeito com o apetite de viver.

O anestésico

Lacan desenvolveu a posição do medicamento em nosso campo, falando a psiquiatras em 1967, a partir de outra família de usos do medicamento. Ele diz: "A psiquiatria encaixa-se na medicina geral na mesma base em que a medicina geral encaixa-se totalmente no dinamismo farmacêutico. Evidentemente, produzem-se aí coisas novas: obnubila-se, modera-se, tempera-se, interfere-se ou modifica-se..."[5] Os termos obnubilação e moderação situam o medicamento psicotrópico a partir da família dos anestésicos. Num texto mais antigo, Lacan fazia aliás a equivalência entre o Édipo e uma dose de anestésico. Nós poderíamos ainda reformulá-la no primeiro paradigma do gozo em Lacan. O Édipo permite a significantização, a neutralização do gozo. Nesse sentido, ele é sublimação ou anestesia. Foi também esse ponto que Jacques-Alain Miller escolheu destacar. "Os medicamentos são formas de anestésicos. Eles não curam, mas permitem trabalhar com pacientes decididos."[6] Isso é biologicamente verdadeiro, já que o primeiro neuroléptico, a cloropromazina foi produzida a partir de um anestésico. Essa descoberta foi fruto da grande aventura moderna da expansão dos anestésicos e das intervenções cirúrgicas. "Não existem, na farmacopéia, substâncias mais heróicas nem mais revolucionárias: os caçadores de ilusões, os neuropatas, como acontece freqüentemente, os toxicômanos, haviam finalmente revelado o meio de obter uma espécie de 'esquizofrenia fisiológica', um método para desrealizar o organismo inteiro."[7]

Nessa epopéia que transformou as práticas cirúrgicas, é preciso acrescentar os hipnóticos. Os medicamentos do sono, operando uma desconecção do sonhador e do sonho ou do pesadelo, operaram ainda um efeito-sujeito, uma difração da necessidade, da demanda e do desejo.

O medicamento, tomado nesse sentido, articula a substância com uma dimensão nova da demanda. É assim que, na conferência de 1966 dirigida aos médicos, Lacan chama a atenção do médico para sua relação com a demanda, para além de sua função de distribuidor do medicamento: "O mundo científico deposita em suas mãos um número infinito do que ele pode produzir como agentes terapêuticos novos, químicos ou biológicos, que ele põe à disposição do público, e ele pede ao médico como a um agente distribuidor que os teste."[8] Lacan lembra ao médico seu lugar ético, que é situar-se a partir da "demanda". Essa dimensão ética, que acompanha necessariamente o medicamento, não é redutível às normas da boa clínica. Ela se dirige ao sujeito presente no tóxico, o placebo, o medicamento da libido ou o anestésico. A sombra do sujeito, seu desejo, seu gozo, comprimida no vocábulo de demanda, ao se dirigir ao médico, é efetivamente o que está em jogo nas relações do medicamento com o corpo, pois "um corpo é alguma coisa que é feita para gozar, gozar de si mesmo".[9]

Lacan lembra ao médico seu dever ético a partir das potencialidades do medicamento, aparato que assinala a irrupção da medicina na ciência. O medicamento é extraído da linguagem pela ciência, mas é o sujeito que o reintroduz na estrutura. O sujeito do medicamento, aquele que o acompanha como sua própria sombra, efetua a reinscrição do medicamento nas categorias do dito. Não é um mestre, é um dos significantes-mestres de nossa civilização.

II. O MEDICAMENTO CONSIDERADO NAS CATEGORIAS DO DITO

O simbólico

A primeira maneira pela qual o medicamento se articula ao simbólico é como demanda. Demanda de obtê-lo ou de ser dele privado. Isso é especialmente verdadeiro na demanda de desmame.[10] Somente os psicanalistas kleinianos conhecem a força dessa demanda.

Assim, convém distinguir a demanda de um objeto que deve ocasionar uma resposta imaginária ou da demanda imaginária de um objeto simbólico negativizado. A demanda pode ainda transformar-se em exigência de uma repetição exata, de uma fixação da medicação numa pura repetição automática. O objeto da demanda sai então de sua dimensão simbólica. Podemos então separar a exigência de um objeto imaginário da exigência de um objeto real,[11] ou ainda da recusa real do objeto. Como dizia um sujeito paranóico exigindo um tratamento sem medicação: "Eu não sou um indivíduo perigoso ou atingido por um mal incurável, sofro simplesmente de minha própria ignorância das regras e das leis que regem nossa sociedade."

A segunda maneira pela qual o medicamento se articula ao simbólico é mediante os significantes que o nomeiam. Ainda que seja produto da ciência, o medicamento não pode prescindir de um nome. É praxe da indústria farmacêutica a invenção de um nome que permita a difusão do medicamento e sua aceitação. O medicamento ressoa por seu nome. Citei, há muito tempo, o caso de um sujeito histérico, em plena onda de fervor ansiolítico, que dizia "preferir os medicamentos em *il* aos medicamentos em *homme* [homem]". Tratava-se de preferir o Melleril ao Valium [que se pronuncia "valiome" em francês]. De fato tratava-se de promover o homem à sua condição de terceira pessoa, de não pessoa.

A terceira maneira corresponde ao fato de que o remédio é inseparável do Outro como tal. O remédio antigo era inteiramente tomado pela linguagem. A partir de *O pensamento selvagem* e dos trabalhos de Claude Lévi-Strauss, passamos a perceber a que ponto a linguagem e seus tropos, metáfora e metonímia, são instrumentos de classificação da natureza e de suas propriedades. O pensamento selvagem determina o remédio.

O medicamento moderno inscreve-se igualmente no Outro, mas de outra forma. Por sua elaboração de saber, pela legislação de sua distribuição, pelos agenciamentos de sua destinação, pela responsabilidade daquele que receita, o medicamento é capturado nas mais finas redes simbólicas do Outro. É em torno do medicamento, de seus poderes, de seus imperativos, de sua experimentação, que se puseram em ação os "comitês de ética" em seu sentido próprio, atestando essa dimensão inseparável da ação da substância. Era exatamente o que ressaltava Lacan em 1966, num contexto em que ainda se ignoravam as conseqüências a serem tiradas de uma ética para além da deontologia. Confirma-se assim que o medicamento, em sua concepção moderna, "não se define concretamente senão por seu emprego".[12] O medicamento moderno é absolutamente irredutível a uma substância. É inseparável da definição de suas regras de uso e por isso exige, para além dela, uma posição ética.

O imaginário

O medicamento aloja-se no imaginário por seus "efeitos de significação". Podemos primeiramente situá-los pelo que esperamos dele. São as expectativas dos efeitos atribuídos aos psicotrópicos, seja pelo sujeito, seja por aquele que os prescreve.

A psicologia do ego aborda seus efeitos de significação por sua versão egóica. Opõe o medicamento que permite "uma recuperação do autocontrole" daquele que é vivido como uma "diminuição invalidante". Se a ingestão do medicamento é vivida como uma submissão passiva, ela pode provocar nos homens uma dúvida profunda sobre sua masculinidade ou ainda uma série de inquietudes concernindo à imagem corporal. Para além dos efeitos egóicos de autonomia ou de dependência, trata-se sobretudo de efeitos de significação fálica: o medicamento restaura o ser fálico ou provoca um efeito de castração. O imaginário não é somente fálico. Ele não concerne somente a ereção, à forma que ela assume. O imaginário pode assim ser restaurado pelo medicamento sob a forma de um objeto *a* imaginário, tomado do Outro para completar o sujeito.

Eu inscreveria nesse registro imaginário grande parte do campo que se convencionou chamar psiquiatria cosmética, que cobre todas as demandas de extensão do campo da demanda do bem-estar e da felicidade, para além da estrita indicação terapêutica. Eu havia situado os problemas que ela levanta num primeiro relatório perante a assembléia geral da AMP em 1994. É uma parte do relatório "Psicanálise, Estado, Sociedade".

Podemos fazer ainda outras listas dos efeitos de significação: o medicamento apaziguador, o medicamento que acaba com a festa, o medicamento sanção, o medicamento exclusão, o medicamento apoio.

Talvez devamos nos deter sobre esta última oposição medicamento inclusão/medicamento exclusão do Outro para nos aproximarmos dos efeitos reais do medicamento. Nós os abordaremos pelos efeitos de alienação ou de separação do Outro.

O real

Não nos precipitemos em dizer que o efeito real do medicamento é o efeito farmacocinético. Este seria o real no sentido da química. Ele é real no sentido do "retorno no real". Vamos abordá-lo primeiro pelo efeito de nomeação no real. Quatro exemplos esclarecerão esse ponto. Os dois primeiros referem-se a tóxicos, os dois seguintes aos medicamentos como tal. Um sujeito psicótico droga-se preferencialmente com éter [*l'éther*]. O mito familiar diz que seu pai, camponês, foi espoliado da herança à qual tinha direito. As terras [*les terres*] das quais o pai foi privado fazem retorno no éter do qual não se pode privar o filho. Um segundo sujeito escolhe a cocaína. Ele tem poucas lembranças de seu pai. Uma é marcada pela felicidade. Trata-se das visitas na gráfica do pai, onde trituradora soltava nuvens de pó branco. Os dois outros me foram contados, e se referem ao enganche do sujeito psicótico ao medicamento. Para o primeiro é receitado

Zyprexa. Ao perceber que é fabricado pelo laboratório Lily, as duas letras "l" [que se pronunciam como "asas" (*ailes*)] o fazem imediatamente associar Lily a borboleta. Ele vê nisso aí o signo de que sua virilidade será atingida. Recusa. O último, perseguido pelas solicitações importunas de um pai também psicótico, exige, quando "isso vai mal", tomar Haldol. É Haloperidol, *Allo père idole* [Alô pai ídolo], diz ele com ironia.

O efeito de nomeação no real encontra-se além das significações imaginárias. Há sistema de signos, língua fundamental. "Esse sistema de signos evoca um sistema de denominação, bricolado pelo próprio sujeito, a partir da série descontínua dos produtos oferecidos pela ciência. Esses produtos, ... lhe permitem orientar-se em suas relações com o Outro e com o gozo, naquilo que seu corpo encarna ou recusa."

O efeito real do medicamento é um efeito fora de sentido. É também aquele que se obtém pela droga que advém do "casamento"[13] do homem com seu gozo fálico. Isso também é passagem fora do sentido. Um forçamento da barreira imposta por esse gozo.

Pelo medicamento, o sujeito recorta seu organismo de outro modo. Ele o recorta com esse instrumento de saber específico que é o medicamento. Se o significante poda o corpo à sua maneira, o saber contido no medicamento o poda de outra forma. Ele faz o sujeito conhecer um "gozo desconhecido dele mesmo", absolutamente desconhecido. Ele não é acessível senão por esse artefato. Antes que estivessem prontos os neurolépticos e antidepressivos, não se sabia como desfrutar da serotonina ou da dopamina. Mais precisamente, estávamos aprendendo a gozar de zonas, de partes do corpo que estavam escondidas para nós. Não só gozamos do aumento ou da rarefação dos neurotransmissores, como podemos aprender a gozar de receptores bem diferentes. Os receptores D2 ou D4, ligados às novas medicações indicadas para a esquizofrenia, são campos de experiências novas à disposição do sujeito.

O medicamento logo extrapola a indicação terapêutica a ele conferida por um diagnóstico. Produto do saber, é uma máquina, um instrumento de exploração do corpo.

Pelo medicamento, o sujeito é levado a poder gozar de novas partes do corpo. A manipulação das doses por cada sujeito, a automedicação com a ajuda de um outro, consistindo numa negociação prescritiva, produz um gozo normatizado próprio a cada um. É uma prática da norma auto-erótica. A crença de cada sujeito em seu sintoma atualiza-se aí de maneira crucial.

Medicamento psicotrópico e clínica

É difícil avaliar o efeito desse medicamento sobre a estrutura da evolução clínica. Lacan dizia em 1967: "Não sabemos de jeito nenhum o que modificamos, nem aliás aonde irão essas modificações." Essa indicação continua clinicamente pertinente. Decerto podemos responder que, ao nível dos neurotransmissores, sabemos melhor quais sistemas são ativados ou inibidos. Podemos então defender o emprego de novas moléculas, mais bem testadas em sua farmacocinética, em detrimento das antigas. A questão permanece inteiramente a da ligação clínica da evolução dos delírios com o uso do medicamento.

É preciso distinguir entre a evolução do sujeito que se apóia no discurso analítico e a daquele que não se apóia. Se partirmos da orientação fornecida por Jacques-Alain Miller (o medicamento permite trabalhar com sujeitos decididos), observaremos que nem todos os sujeitos que se dirigem aos psicanalistas estão decididos. Alguns estão. A invenção significante própria que opera para eles deve ser estabelecida em cada caso. Tomar remédio aparece como peripécia momentânea no curso de uma longa elaboração.

Quando se descreve a evolução da relação do fenômeno delirante fora da análise pela simples entrevista clínica e o uso do medicamento, os ensinamentos clínicos são decepcionantes. A evolução "a longo prazo", como se exprimem confortavelmente os especialistas dos fenômenos psicóticos, não se dá sem discordâncias.

Para alguns a clínica está totalmente desorganizada e é difícil encontrar a bela taxonomia do passado com suas espécies e seus gêneros. A manutenção do laço com o semelhante, a reinserção rápida, turva o que o isolamento asilar tinha contemplado em sua pureza. A posição do terapeuta pode então ser nostálgica ou, decididamente sintonizado com sua época, ele pode achar que a única aproximação ainda possível é fazer a taxonomia efêmera do DSM e descrever síndromes cujos rastros não podem mais ser seguidos além de seis meses ou um ano.

Outros, talvez mais perspicazes, consideram que a obnubilação é efetiva mas que não altera o desenvolvimento das formas que a clínica clássica isolou. Elas permanecem presentes entre nós, escondidas, subterrâneas, aparecendo nos momentos das "recaídas" do sujeito por ocasião do término do tratamento, de um episódio da vida ou de um encontro desagradável, programado ou não em seu destino. O sujeito e o Outro prosseguem sua conversa sob as formas autorizadas pela modernidade, estruturada na veia da estrutura.

Termino aqui, no limite do que seria objeto de uma investigação autônoma. Ela incidiria não sobre o medicamento mas sobre a evolução da clínica tal como a psicanálise pôde defini-la. Quando Lacan constatava em 1967 que não havia mais intervenções clínicas desde a época de sua tese, não era para se situar na valorosa tropa dos "últimos inventores", como houve aquela dos "últimos moicanos". Constatava que, naquela época, a clínica psiquiátrica foi profundamente subvertida pela clínica psicanalítica e pela ciência. A história da clínica não é mais unificável a partir desse momento. Torna-se a história da dispersão dos sistemas clínicos, de sua fuga, de sua justaposição, em uma palavra, de sua estratificação. Conviria fazer, nessa perspectiva, o balanço da clínica do "fim da clínica".

A prática do medicamento, uma prática contingente

Para além da oposição entre o medicamento que faz falar e o medicamento que faz calar, reconheçamos no medicamento que re-aliena o sujeito no lugar do Outro, um elemento essencial do dispositivo de "aparola" [*l'apparole*] para o sujeito psicótico. É nesse dispositivo que ele poderá vir inscrever os signos que então poderão ser lidos.

A psicanálise não se opõe à prescrição medicamentosa, ela pode fazer do poder contingente do medicamento um auxiliar da "aparola". Nesse dispositivo, o psicanalista é um parceiro que tem a chance de responder. Ele poderá prescindir do medicamento na condição de se servir dele de uma boa maneira. O aforismo taoísta nos diz que quando lhe apontamos a lua com o indicador, o simplório olha o dedo. O medicamento é um dos significantes-mestres de nossa civilização. É o indicador de um modo de gozo. Resta ao psicanalista servir-se dele para fazê-lo designar a lua de nosso discurso, a barra sobre o grande A, e de fazê-lo de tal modo que o sujeito não se hipnotize com esse indicador.

JEAN-CLAUDE MALEVAL

A psicanálise provoca patologias iatrogênicas?

Muitos imputam a Freud o surgimento maciço na América do Norte, há algumas décadas, de distúrbios causados por certas práticas psicoterápicas. As "síndromes das falsas lembranças" geram uma multiplicação de sujeitos sofrendo distúrbios da personalidade múltipla e seqüelas de raptos operados por extraterrestres. Os conceitos de "recalque" e "desmentido" são convocados pelos terapeutas para dar crédito a lembranças extravagantes, centradas numa cena de sedução, acarretando às vezes conseqüências judiciais gravíssimas.

Entre 1980 e 1990, a síndrome de personalidade múltipla assumiu um caráter epidêmico. Um número crescente de clínicos buscou entrar em comunicação com as personalidades ocultas, de modo que os casos diagnosticados nos Estados Unidos no período de uma década passaram de um punhado para mais de trinta mil.[1] Os desenvolvimentos do fenômeno foram surpreendentes: assistiu-se em pleno século XX a um retorno do demoníaco nos interstícios do discurso da ciência. "Cerca de 25% dos 'múltiplos' em curso de tratamento não apenas se lembram de sevícias sexuais e outros maus-tratos, constata S. Mulhern, como enfatizam que seus torturadores eram membros de seitas satânicas, que os haviam forçado a participar de orgias satânicas superelaboradas, de assassinatos e práticas canibais."[2] Nenhuma investigação criminal veio confirmar tal alegação. No entanto, muitos psicoterapeutas norte-americanos mostram uma fé cega na precisão das reminiscências de suas pacientes sem nelas discernir um retorno de seus próprios pressupostos etiológicos. Os depoimentos referentes a atividades de caráter satânico não pararam de crescer. Essas pacientes, observa S. Mulhern em 1994, "aproveitam-se das revisões introduzidas na legislação americana em matéria de lembranças revividas mediante terapia, para impetrar acusações de sevícias em crianças contra pais idosos de que se lembram agora como adoradores de Satã, incestuosos, assassinos e canibais. Na ausência de provas materiais, a autenticação dos fantásticos relatos de sabás noturnos realizados por essas querelantes recai essencialmente sobre seus terapeutas. Infalivelmente estes últimos sustentam suas revelações e descrevem essas pacientes como sobreviventes de horríveis provações que lutaram corajosamente para que a verdade embutida no âmago de seu inconsciente viesse à tona. Apesar do lado rocambolesco de suas declarações, para os magistrados e os jurados que aceitaram o fato de a acusação de sevícias em crianças constituir efetivamente a prova suplementar da culpa dos acusados, estas são testemunhas bastante persuasivas."[3] Em suma, "o aspecto mais singular do movimento das personalidades múltiplas, constata Mulhern, é que, ao reabilitar as personalidades encarnadas, os sacerdotes leigos da psicoterapia norte-americana fizeram ressurgir os demônios de seu próprio passado cultural".

Do mesmo modo, a síndrome de rapto extraterrestre tomou consistência nos Estados Unidos a partir de 1994 graças ao trabalho de J. Mack, professor de psiquiatria em Harvard, que relata em sua obra *Abduction* treze depoimentos de indivíduos, recolhidos em grande parte graças a tratamentos hipnóticos, centrados em experiências angustiantes.[4] Não apenas ele dá crédito à interpretação de fenômenos em termos de raptos perpetrados por seres extraterrestres, como contribui em grande parte para desenvolver essa crença em benefício de seu método de tratamentos hipnóticos. Mack não considera a síndrome de rapto extraterrestre uma criação iatrogênica da hipnoterapia; no entanto, reivindica claramente a inserção da subjetividade do terapeuta no tratamento. "Nessas terapias alternativas, escreve, os sentimentos e o estado de espírito daquele que ajuda, assim como sua racionalidade e suas aptidões de observador, representam aspectos vitais do método terapêutico ou investigativo."

A partir do final dos anos 1990, os trabalhos de Ganaway[5], Loftus[6] e Spanaos[7] parecem ter granjeado reconhecimento, pelo menos nos meios especializados, o que é atestado, por exemplo, em 1997, pela decisão do Royal College of Psychiatrists, segundo a qual os psiquiatras britânicos não devem mais incitar seus pacientes a rememorarem um abuso sexual sofrido durante a infância.

Naturalmente, nos trabalhos críticos a respeito das síndromes das falsas lembranças, a descoberta freudiana não ganha em credibilidade. Spanos explica, por exemplo, que Freud sugeriu a teoria da sedução às suas primeiras pacientes. Decerto ele não ignora que a psicanálise fundamenta-se tanto na rejeição desta última como na da hipnose, mas sua perspectiva sociocognitiva o leva a considerar que o processo de indução de uma etiologia artificial tem seqüência no caso sob outras formas. Um psicanalista francês formado pela IPA, Tobie Nathan, sistematiza essa linha de pensamento inscrevendo a psicanálise numa teoria da influência supostamente capaz de dar conta de todas as psicoterapias. A maioria de seus colegas não se aventura tão longe, mas todos correm esse risco, já que não estão em condições de distinguir claramente psicanálise e psicoterapia. Concordam ao considerar que uma aproximação estreita foi operada entre uma e outra. "De pouquinho em pouquinho, escreve B. Brusset em 1991, práticas empíricas da experiência imemorial da psicoterapia se apossaram da teoria e encontraram legitimidade, se não legalidade, na técnica, e portanto, na teoria psicanalítica, ao preço de remanejamentos que mudam seu sentido e alcance."[8] Com isso, a categoria intermediária das "psicoterapias analíticas" encontra-se em pleno florescimento, a exemplo dos "casos-limite", e isso pela mesma razão principal, a rarefação dos pacientes aptos a se inserir no "tratamento-padrão". Para estes últimos, nos anos 1950, um analista como Knight já tinha criado a famosa "psicoterapia de apoio", que supostamente tinha como objetivo reconstituir as defesas do eu. O campo de transição aberto entre esta e o tratamento-padrão não cessa de ser ampliado pelas pesquisas recentes da IPA. Elas promovem "psicoterapias analíticas" nas quais seria necessário ora limitar a regressão libidinal ou a "profundidade" das interpretações, ora não efetuar análise da transferência senão "na cabeça do terapeuta" (Angelergues),[9] ou ainda então sugere-se a este que focalize sua atenção num objetivo (Roussilon)[10] — em geral a idéia de cura. Com isso, da psicoterapia à psicanálise, não existe mais nada para a IPA senão uma sutil diferença de graus, o que leva a fazer da primeira uma psicanálise amputada e a promover o tratamento-padrão ao nível de acabamento da psicoterapia. Com respeito a uma definição rigorosa desta última, seus defensores não escondem que o próprio Freud teria praticado o mais das vezes apenas psicoterapia.[11] De resto, J. Cournut considera atualmente que, ainda que "ela ocupe ali um lugar bastante particular", a psicanálise "faz parte do vasto campo da psicoterapia".[12] A predominância atribuída às defesas do eu, a necessidade da "aliança terapêutica", a interpretação que nutre o sentido, até mesmo a teorização da identificação terminal com o analista abrem para uma intrusão da sugestão e dos valores morais no âmbito da psicanálise.

As críticas dos que recriminam as síndromes das falsas lembranças são inegavelmente pertinentes ao mostrar que tais fenômenos são oriundos da condução do tratamento. Ora, alguns deles consideram que a própria psicanálise carrega em germe o mesmo risco. É difícil objetar a isso para um psicanalista norte-americano da IPA, cada vez mais inclinado a inserir em sua prática técnicas oriundas da psicoterapia. De fato, o abandono de conceitualizações freudianas importantes, tais como o complexo de castração ou a pulsão de morte, abre a possibilidade na qual mergulha Nathan, que consiste em diluir a psicanálise numa teoria da influência, isto é, incorporá-la por inteiro ao domínio da psicoterapia.

A partir de pesquisas que privilegiam o estudo das terapias tradicionais, práticas milenares centradas na mediação dos espíritos, Nathan aponta a influência como o princípio motor das psicoterapias. "Por preocupação com o rigor, escreve ele em 1998, mas também a fim de me aproximar da realidade concreta das práticas, proponho englobar no termo 'psicoterapia' qualquer procedimento de influência destinado a modificar radicalmente, profundamente e duradouramente uma pessoa, uma família ou simplesmente uma situação, e isso a partir de uma intenção 'terapêutica'. Tal definição, prossegue, apresenta a meu ver diversas vantagens. Em primeiro lugar, leva a considerar no mesmo plano, isto é, enquanto práticas *legítimas*, *eficazes* e *interessantes*, as psicoterapias científicas que afirmam resultar de observações científicas da natureza, aquelas nas quais se pensa espontaneamente ao se pronunciar a palavra 'psicoterapia'; as terapêuticas às vezes denominadas 'tradicionais' — aquelas desenvolvidas nas sociedades não ocidentais —, acerca das quais convém dizer que é por meio de uma espécie de abuso de linguagem que às vezes são designadas como '*psicoterapias*', uma vez que podem ser ao mesmo tempo consideradas *socio-*, *etno-* e, claro, *teo*-terapias; as neoformações terapêuticas, geralmente de inspiração religiosa, que se multiplicam de uma ponta à outra do planeta em igrejas sincréticas, geralmente sob o impulso de profetas carismáticos."[13] Nessa perspectiva, em razão de sua eficácia terapêutica, convém incluir a psicanálise entre as psicoterapias: "Se de fato a técnica psicanalítica é eficaz — e sei que o é —, devemos concluir disso que a psicanálise é evidentemente comparável às outras técnicas de influência e naturalmente, dentre elas, às outras terapêuticas tradicionais."[14]

A referência à terapêutica para dar conta do conceito de psicoterapia torna sua definição parcialmente tautológica, cedendo assim à preocupação explícita de rigor, mas concebe-se a necessidade dessa precisão para evitar incluir a publicidade ou a tortura nas psicoterapias. Pode-se no entanto começar a duvidar disso quando se constata que a "terapêutica" se define, segundo Nathan, pela violência: "Curar, afirma ele, é sempre um ato de pura violência contra a ordem do universo. E nenhuma terapêutica é mais violenta que a que pretende curar a alma."[15] A partir disso, é lógico nessa perspectiva — e não sem pertinência com relação à essência das psicoterapias — julgar que "o estudo das técnicas de tortura" poderia se revelar heurístico, uma vez que, observa uma colaboradora de

Nathan, "torturar é antes de tudo modificar o outro". "Aliás, constata ela com razão, acontece de encontrarmos o mesmo tipo de profissionais nas práticas de tortura e nas práticas terapêuticas: médicos, psiquiatras e psicólogos foram, com efeito, freqüentemente associados à elaboração, mas também ao funcionamento dos dispositivos de tortura. Para citar apenas alguns exemplos conhecidos: o papel dos médicos e sobretudo dos psiquiatras nazistas durante a Segunda Guerra Mundial; o de certos psiquiatras, psicólogos e mesmo psicanalistas na prática da tortura nas ditaduras sul-americanas; o dos psicólogos durante a prisão dos terroristas do bando de Baader; ou ainda, o recurso explícito às explicações psicológicas nos manuais de interrogatório dos serviços secretos ocidentais."[16] As mesmas observações e os mesmos ensinamentos não poderiam ser frutos da inserção de psicólogos e médicos nos ofícios da publicidade? Em suma, ao se pautar a psicoterapia pela eficácia, nada objeta a que se aventure até a prática do método "psicoelétrico" utilizando o "torpedeamento farádico" para tratar as neuroses de guerra;[17] ao pautá-la pela influência, os riscos éticos não seriam menores.

A abordagem de Nathan fornece uma teoria geral da psicoterapia que possui certa elegância. Ela integra o dado atualmente admitido da equivalência de sua eficácia para daí concluir que as teorias dos curandeiros não passam de "ferramentas auxiliares". Por trás da diversidade das práticas, um único princípio explicativo: a influência. Poderíamos nos estender nesse sentido se a influência não fosse senão um dos nomes da sugestão; mas não é este o caso. "As terapias tradicionais, afirma Nathan [por exemplo, os rituais de possessão, a luta contra a feitiçaria, a restauração da ordem do mundo depois da transgressão de um tabu, a fabricação de objetos terapêuticos etc.], não são nem engodos, nem sugestão, nem placebos. Para mim, essas práticas são realmente o que seus utilizadores julgam que são, técnicas de influência, eficazes a maior parte do tempo."[18] O que se entende então por influência? Segundo Nathan, apenas as sociedades tradicionais conseguem pensar esses procedimentos em toda sua complexidade. É verdade que uma terapia como, por exemplo, o Ndöp dos Wolof e dos Lebu do Senegal, estudada num trabalho anterior, verifica-se de tamanha riqueza que me levava a constatar que a quase totalidade do que a civilização ocidental pôde inventar em matéria de técnicas psicoterapêuticas acha-se em estado de esboço.[19] Por outro lado, convém tomar um pouco de distância em relação ao que dizem os terapeutas para concluir, com Nathan, que o sintoma parece ser "um recurso a um continente", ao passo que o tratamento imporia "novos continentes formais". A inclusão da psicanálise nessa teoria da influência leva a conceber que a eficácia de uma psicoterapia parece decorrer de "sua capacidade de produzir analogias e mediações através de uma redundância entre continentes e conteúdos".[20] Não discutiremos aqui essas noções, por ora bastante intangíveis; trata-se de ir ao essencial, ou seja, por que Nathan experimenta a necessidade de introduzir o conceito de influência ali onde a maioria de seus predecessores preferiu o de sugestão? A pergunta é importante, porque é na passagem de uma à outra que a especificidade da psicanálise se vê escamoteada.

Decerto é difícil apreender com rigor a natureza da sugestão. "Palavra mágica", constata Freud, que partilha a opinião de Bernheim, segundo a qual "a sugestão [mais exatamente, a aptidão a ser sugestionada] é ... um fenômeno originário irredutível, um fato fundamental da vida psíquica".[21] Se porém nos arriscarmos a tentar precisar sua abordagem a partir de uma prática da psicanálise, não para apreender sua essência mas para mostrar em que ela difere da influência nathaniana, iremos nos pautar por uma definição dada por Freud em 1912: "Influência exercida sobre um sujeito por meio dos fenômenos de transferência que ela é capaz de produzir."[22] Ela permite apreender imediatamente em que a abordagem de Nathan é redutora: dessa definição, ela retém apenas a primeira palavra. Ao eliminar o envolvimento subjetivo do paciente, operando um impasse sobre a transferência e o encontro, e sustentar que o paciente não dá importância à pessoa do terapeuta, Nathan faz da influência uma forma violenta e radical de sugestão que incide do lado do mestre-terapeuta sobre toda a dinâmica da mudança. Segundo ele, o usuário da psicoterapia não é um sujeito dotado de fantasias, mas um doente plástico: "O doente, escreve, poderia ser considerado nessa perspectiva como uma entidade movida por um singular tropismo que o atrai sempre para os sistemas de pensamento. Eis por que os doentes são militantes espontâneos das filosofias e das ideologias."[23] Nathan insiste no fato de que a influência terapêutica não é acompanhamento do doente em suas elaborações íntimas, mas modificação do núcleo de uma pessoa.[24] A fim de incluir a psicanálise nesse sistema, é preciso considerar que nesta opera-se a "co-construção de um sentido", e não a descoberta de um sentido oculto.[25]

A síntese buscada por Nathan não é sem pertinência na orientação de sua abordagem das psicoterapias. No entanto, ao pretender restringi-las integralmente à influência, reduz a complexidade dos fatores que intervêm no processo de mudança, e, pretendendo alojar a psicanálise nessa fôrma, perde sua especificidade.

Não resta dúvida de que o fator comum primordial das psicoterapias reside na sugestão, e não é na influência, pois o paciente não é um objeto plástico à espera de um continente teórico. Várias vezes constatou-se que, mesmo nos sujeitos mais hipnotizáveis, aqueles que estariam mais à espera da teoria do terapeuta, mesmo neles, a sugestão encontra limites próprios às fantasias e resistências de cada um.

O psicoterapeuta deve ter grande confiança na teoria que utiliza: esta é uma condição para que sua prática sugestiva seja de qualidade. A partir do século XV, no *Malleus maleficarum*, observava-se justamente que "um vício na fé do exorcista" podia constituir uma das causas do fracasso de seu trabalho.[26] Por conseguinte, ele não se preocupa em nada com os limites eventuais de seu poder: é de regra que as questões diagnósticas permaneçam excessivamente marginais. Nathan observa pertinentemente que nas terapias tradicionais "os procedimentos de diagnóstico — embora em tal sistema a palavra não faça nenhum sentido — essencialmente baseadas na vidência... desviam deliberadamente a atenção do curandeiro da observação do paciente para obrigá-lo a se interessar pelo suporte da vidência".[27] As psicoterapias modernas inscrevem-se na mesma lógica de imposição de uma prática terapêutica multiuso destinada a um indivíduo qualquer. Se por um lado elas não ignoram as categorias nosográficas contemporâneas, por outro, é notável que seus trabalhos em nada tenham contribuído para elas. Nenhuma psicoterapia fundou uma nova clínica, pois a preocupação verdadeira dessa prática, apesar de certos disfarces modernos, não é compreender o funcionamento do sujeito, mas aperfeiçoar um método de cuidados.

Assim, em torno da expressão-mestra "eficácia terapêutica", assistimos recentemente ao nascimento de uma nova abordagem, dita integrativa, da psicoterapia. O recuo de que dispomos atualmente sobre as diferentes formas de psicoterapia propicia o surgimento de um quase consenso, alimentado por diversos estudos de avaliação,[28] que permite afirmar que todas são ao mesmo tempo eficazes e que o são todas de maneira praticamente equivalente. Da constatação de que os métodos logicamente incompatíveis obtêm resultados comparáveis impõe-se a conclusão de que o conteúdo da teoria que os fundamenta é um elemento não essencial. Não se pode no entanto rejeitá-lo em sua totalidade: uma vez que toda prática psicoterapêutica é eficaz, cada uma delas deve encerrar uma parcela de verdade. A experiência mostra que certos pacientes, que reagem negativamente a uma técnica, conseguem às vezes fazer seu tratamento progredir mudando de método. Daí a invenção da psicoterapia integrativa, dita ainda plural ou complexa, que se propõe associar todas as práticas, passando de uma a outra se a evolução do tratamento assim requerer. A hipótese central do procedimento integrativo, segundo Fourcade, sustenta que nenhuma forma de psicoterapia é a melhor, nem mesmo adequada em todas as situações.[29] Ela se enraíza num "ecletismo técnico" que consiste em copiar fontes diversas "sem com isso subscrever as infra-estruturas teóricas que as engendraram. Sem tampouco recusá-las sistematicamente. Torna-se então possível combinar, por exemplo, a associação livre, a ab-reação, o relaxamento, a reestruturação cognitiva, o sonho vígil-orientado, a auto-afirmação, o exercício gestaltista da cadeira vazia, a respiração ampliada, a visualização, o enraizamento bioenergético etc. ... Se postularmos uma sinergia entre os pensamentos, ações e emoções, as contribuições de cada abordagem serão evidentemente complementares. Pode-se então escapar do fechamento teórico ao mesmo tempo beneficiando-se das especializações conceituais e clínicas."[30]

A hipótese de um acúmulo da eficácia dos métodos nada tem de evidente. Alimenta-se de algumas observações clínicas que atestam progressos obtidos num percurso psicoterapêutico pela mudança de prática e de terapeuta. Não se poderia contestar a existência desses fenômenos. No entanto, todo clínico sabe que poderia convocar outras observações mostrando que interrupções repetidas de tratamentos são utilizadas para bloquear seus avanços. Portanto, como discernir se convém ou não usar o que a psicoterapia integrativa possui de específico, ou seja, a possibilidade de passar de um método a outro? É importante articular claramente os saberes, responde um,[31] mas sem se mostrar em condições de indicar em função de qual princípio diretriz. Nessa abordagem, que reivindica o pragmatismo anglo-saxão, apenas a prática deve possibilitar a orientação. "Tudo se esclarece, afirma Roustang, se reconhecermos que o relato é nosso único guia, nosso único critério, nosso único garante ... Tomamos apoio no relato como o surfista nas ondas, com ele ficamos estáveis sob a condição de assimilar seu movimento."[32]

Postular que o movimento do relato tende para um efeito terapêutico deriva de uma concepção singularmente otimista das relações humanas. Além disso, com referência à história das psicoterapias, a afirmação é surpreendente, totalmente inovadora, parece se inscrever em falso contra o pouco que se acreditava saber das psicoterapias: o primado da sugestão. Bem distante de assimilar o movimento do relato, a sugestão leva a intervir sobre ele e a modificá-lo. Um autor como Nathan, que prega, com maior rigor, outra abordagem integrativa da psicoterapia, não hesita em afirmar que uma psicoterapia "é uma verdadeira guerra conceitual: um conflito cuja saída é a adesão a uma teoria";[33] com efeito, esclarece a propósito, "curar é sempre um ato de pura violência contra a ordem do universo. E nenhuma terapêutica é mais violenta que a que se empenha em curar a alma. Pois nas desordens psíquicas aquilo de que sofre o paciente exprime a verdade mais profunda de seu ser. Curá-lo consiste em expulsá-lo de suas escolhas, proibir-lhe suas estratégias de existência decididas num momento crucial de sua vida e aplicadas sistematicamente desde então. Curar consistiria portanto em exercer uma influência demiúrgica e em se imaginar, exatamente a partir disso, um igual do deus monoteísta: onipotente e transcendente."[34] Em suma, é preciso convir com Pagès que nesse domínio "diversas abordagens da complexidade são concebíveis", de modo que é necessário "separar ligando, [e] ligar separando num mesmo movimento dialético".[35] Não há outra saída, com efeito, a não ser piruetas verbais para conciliar os inconciliáveis. O essencial para os teóricos da complexidade em psicoterapia reside na combinação das abordagens sem se preocupar muito com teoria. Evitam, portanto, produzir assim uma metateoria, e como conceber uma prática sem teoria? Como, por exemplo, fixar os limites de sua prática sem teorizá-la com mais rigor? O princípio primordial da combinatória nada diz sobre pontos decisivos. A nos atermos a essa única bússola, nada proíbe a inclusão do método psicoelétrico reeducativo na psicoterapia integrativa, assim como nada protege de um retorno ao religioso. Seria inclusive concebível passar nesse caso de um a outro. Decerto ela se impõe como elemento de ser laico, não hesitando em ceder assim ao primado da eficácia. Alguns chegam a restringir isso ao pretendê-la "humanista". Por que se deter em tão bom caminho? Suas bases conceituais autorizam o prosseguimento da restrição até a combinatória mais simples, a que não exigiria mais que duas práticas, mas seria então a noção de integração e de pluralidade que se esgotaria nisso. Em suma, a psicoterapia integrativa não faz mistério em conceder pouca importância à coerência teórica.

Por que, a despeito de sua pobreza epistemológica, ela encontra certo eco nos dias de hoje? Provavelmente em primeiro lugar porque recorre ao bom senso, o qual lhe faz supor que obterá um ganho de eficácia ao acumular técnicas que deram, independentemente, provas da sua. Ora, associar psicoterapias não permite sair da psicoterapia. Não resta dúvida de que as avaliações futuras mostrarão que esse novo método dá resultados equivalentes aos antigos. Duas razões mais fortes alimentam a psicoterapia integrativa. Uma é política. Ela fornece aos piscoterapeutas de todos os credos uma teoria ecumênica permitindo-lhes apresentar uma frente única face ao legislador que busca definir seu status. Em certos países, a prática da psicoterapia, como a da psicanálise, já é subordinada a tais formações. A esse respeito, a psicoterapia integrativa possui o grande mérito de não excluir ninguém — os próprios psicanalistas são convidados a achar um lugar ali. Outro argumento a seu favor pode ser legitimamente invocado: aquele que, a partir da constatação da eficácia de práticas heteróclitas, conclui pela existência de fatores comuns, de modo que, na expectativa da elucidação destes últimos, a psicoterapia integrativa ainda estaria por vir.

Em sua maioria, os pesquisadores que se interrogam sobre o fator comum primordial das psicoterapias convergem, desde Bernheim, para um estudo das modalidades da sugestão: influência para Nathan, eficácia simbólica para Lévi-Strauss,[36] processo de aprendizagem para outros.[37] Nessa perspectiva, é forte a tentação de utilizar o poderoso esquema de análise lógica disponível em prol do estudo da psicoterapia para com ele tentar englobar a psicanálise. Tal procedimento, no entanto, só pode ser operado no desconhecimento da especificidade desta última. A psicoterapia induz um fechamento para a psicanálise. Em contrapartida, se tomarmos a perspectiva inversa, a de sua diferenciação e não a de sua integração, surge claramente que a linha divisória se situa na posição tomada com referência à sugestão por aquele que conduz o tratamento: aceita pelo psicoterapeuta, recusada pelo psicanalista. "O fator-chave de toda psicoterapia, constata J.-A. Miller, é que há um Outro que diz o que é preciso fazer, um Outro a quem obedece o sujeito que sofre, e do qual espera aprovação."[38]

Com isso, o que podemos esperar em seu final? Encontramos um indício numa constatação feita visando uma avaliação da eficácia das psicoterapias: esta verificou-se mais em co-relação com o acordo a que chegam os parceiros em fim de tratamento do que com o grau do acordo inicial. Em outras palavras, esse estudo confirma que o processo de mudança terapêutica é acompanhado de uma adesão às concepções do terapeuta.[39] Por conseguinte, forçando um pouco nas tintas, podemos considerar com Nathan que a interpretação funciona ali como "fragmento de iniciação", e que "o desfecho, — às vezes, a cura — comporta sempre a adesão maior ou menor do paciente ao sistema teórico do terapeuta."[40] Devemos deduzir daí que estes são processos de identificação por essência sempre em ação. "Todas as terapias, constata J.-A. Miller, são de fato terapias da imagem de si, e são sempre fundadas no estádio do espelho. Trata-se de restaurar no eu suas funções de síntese e de mestria, sob o olhar do mestre que desempenha o papel de modelo. São terapias pela imagem que, por isso mesmo, são terapias pelo mestre, pela identificação com o mestre."[41] Ao cabo de uma psicoterapia que teve efeitos terapêuticos, é comum o sujeito atestar que adquiriu um conhecimento de seus problemas: ele sabe quem lhe enviou uma sorte, é capaz de identificar o espírito que interveio, e as razões deste último etc. Na cultura ocidental, ele tem a sensação de conhecer seus mecanismos psicológicos e de poder agora controlá-los: afirma de bom grado "ter examinado a questão", de modo que se sente à altura de dominar seus problemas.

Ao sujeito dividido que deve assumir a castração simbólica, as psicoterapias opõem o homem sempre mais livre. Resumindo, a psicoterapia ideal encarna-se no ser capaz de tudo. A ambigüidade da expressão, amplamente entendida com maldade, manifesta desde logo o impasse operado sobre a lei do desejo. O homem livre, notava Lacan, constitui um ideal que só se encontra plenamente realizado na loucura.[42]

Não deixa de ser excepcional que as psicoterapias levem o sujeito a tal extremo; em contrapartida, é de regra que o confortem nas ilusões egóicas de sua autonomia. A esse respeito, quando o terapeuta não se contenta em descrever o desaparecimento dos sintomas para ilustrar o ponto de sustentação de seu método, quando aceita dar a palavra a seus pacientes, torna-se possível apreciar melhor as incidências das psicoterapias sobre a posição subjetiva. O que se descobre então parece residir num certo efeito uniformizante dos tratamentos. O manifesto de Janov em favor do grito primal verifica-se nesse ponto rico de ensinamentos. Sua eficácia poderia ser resumida em três palavras: confortar a fantasia histérica. A incitação ao pronunciamento do corpo obtura ali, regularmente, qualquer acesso à causa do desejo. "Agora, afirma um paciente, torno-me inteiro, sou minha própria origem. Sou meu próprio pai. Sou minha própria mãe. Sou meu corpo."[43] Ao final do trabalho, os sujeitos conhecem um estado de exaltação resultante da sensação de se pertencerem, de terem atingido o domínio do corpo, de possuírem toda a gama dos sentimentos, em suma, o engodo de uma coincidência de si consigo mesmos lhes parece realizado. "Não se pode identificar-se a não ser consigo mesmo",[44] acredita descobrir um deles, declarando não ter encontrado no tratamento nada além de sua imagem especular. No entanto, a experiência falaciosa de uma liberdade sem limites, conforme à injunção de aumentar o número de escolhas possíveis, é regularmente acompanhada da sensação de ter sido mal amado pelos pais e de permanecer incompreendido pelos outros: são eles que devem levar a responsabilidade pelos distúrbios do sujeito, a não ser que este tenha conseguido conceber em quê participa das dificuldades que encontra. A psicoterapia leva então a cultivar sua pequena diferença, fazendo com que acabe por constatar sua solidão. A insatisfação histérica não cessa de determinar seu desejo. "Agora que sou viva, observa uma paciente bastante satisfeita com seu tratamento, minha vida está sem objetivo. Entrei numa terapia para encontrar uma nova imagem de mim, e só descobri a mim mesma."[45] Não apenas a opacidade da fantasia fundamental permanece incólume, como a exaltação da autonomia egóica leva infalivelmente o sujeito, mesmo no meio de muita gente, à amarga constatação da solidão.

Existem psicoterapias, tais como o grito primal ou a bioenergética, que aderem com facilidade à fantasia histérica; outras, tais como a análise transacional ou a meditação transcendental, parecem acomodar-se melhor à fantasia obsessiva; quanto a certas terapias comportamentais, observa-se que operam às vezes um deslocamento do objeto fóbico sobre um objeto contrafóbico. Um estudo mais aprofundado dessas co-relações não caberia ser efetuado aqui, mas decerto não deixaria de ser interessante. De todo modo, uma abordagem rápida de alguns relatos precisos de psicoterapias basta para sugerir nitidamente que elas se articulam à fantasia de cada um, não produzindo sua travessia, mas acentuando sua opacidade. A identificação com o terapeuta barra nesse caso a descoberta da falta-a-ser do sujeto.

Quando Szasz, psicanalista nova-iorquino, indaga-se em 1965 sobre "a ética da psicanálise", chega a formulações que não desagradariam à maioria dos psicoterapeutas. O objetivo da análise, afirma, é "aumentar as opções do paciente na condução de sua vida".[46] O projeto fixado por H. von Foerster para as terapias familiares vinte e cinco anos mais tarde verifica-se praticamente idêntico ao propor uma máxima supostamente capaz de exprimir a injunção ética sob a seguinte forma: "Esforçar-se sempre por agir de modo a aumentar o número das escolhas possíveis."[47] Ambos esforçam-se por racionalizar os ideais da sociedade norte-americana fundados no que Lacan chamava de "teologia da livre empresa". A exemplo do cibernético von Foerster, Szasz pretende "libertar" o sujeito de "toda opressão interpessoal e social", e, melhor, como exige a referência freudiana, toda opressão "intrapessoal"[48] deveria ser erradicada! O homem livre é sempre esperado, aquele que teria atingido a perfeita mestria de si, enfim livre da castração, da pulsão de morte, e mesmo do inconsciente; de modo que, com lógica, na mesma ladeira, alguns paladinos da psicologia do eu (Federn, Fairbairn) consideram que o analisante, ao fim de seu tratamento, não deve mais cometer lapsos, nem atos falhos, nem tampouco sonhos!

Um tratamento só se comprova psicanalítico quando aquele que o dirige detém a posição ética de objeto *a*, o que o leva a nada querer para o analisante e a se privar dos discursos do Mestre no qual as psicoterapias encontram seu princípio. "O analista não se identifica com o Outro, escreve pertinentemente A. Zenoni, nem com o Outro que sabe, nem com o Outro que faz dom de sua ignorância ('Sou apenas um homem como você'), mas confere semblante ao objeto que esburaca os ditos, as lembranças, as associações do analisante, o objeto que permanece ininterpretável na própria interpretação: não o elemento último do saber, mas o que causa uma falha no saber. Com isso, os ditos do analista não são articulados ao saber, mas àquilo que permanece inassimilável ao saber, a uma presença que repugna inclusive ao saber, pois é a de um objeto que, por causar o desejo, por isso não deixa de ser menos desejável ... O enigma não está mais do lado do neurótico, mas do lado do analista. Ao mesmo tempo, não é mais o analisante que vai sobrecarregar o analista, que vai fazê-lo trabalhar, mas o contrário: é o analista que dá forma à causa enigmática da demanda silenciosa do sujeito. Com essa troca dos termos da relação, opera-se a passagem do campo psicoterapêutico para o campo propriamente analítico da prática simbólica."[49]

Ao abster-se de inscrever a ética na clínica, a IPA constata a existência de uma indistinção crescente entre psicoterapia e psicanálise. Além disso, o que é evacuado para o lado de fora retorna para dentro, e eis por que assistimos à criação de "comissões de ética". Cabe supostamente a uma delas atribuir à determinada Sociedade de psicanálise "um lugar isolado de suas atividades habituais, onde discutir e resolver, na discrição e com certa serenidade, os problemas de ética que poderiam se colocar no futuro".[50] Não se poderia ser mais claro quanto à separação entre ética e tratamento. Além do mais, essa abordagem se vê estimulada pela vontade de inscrever a psicanálise no discurso da ciência. A esse respeito, depois de ter confundido moral e ética, uma certa Denise Weill levou a lógica da tese ipeísta a seu extremo ao afirmar que a psicanálise, para ser científica, deve renunciar "a formular a questão dos valores morais", de modo que a ética vem de alhures, "caída dos Céus", do supereu coletivo segundo Freud, do Imaginário social para um certo número de pensadores contemporâneos.[51] Uma vez consumada a evacuação da ética para fora do domínio do tratamento, nada se opõe de maneira decisiva a uma invasão do tratamento-padrão por práticas psicoterápicas.

De encontro ao apoio que essas práticas implicam para as figuras estabelecidas do Bem, Lacan prega para a psicanálise a instituição de uma prática sem valor.[52] A partir de 1955, segundo ele, a permanência da descoberta freudiana só podia ser assegurada por "um rigor de certa forma ético, fora do qual todo tratamento, mesmo abarrotado de conhecimentos psicanalíticos, não passaria de psicoterapia".[53] Por desconhecer essas indicações, o terapeuta se expõe a que seus próprios demônios surjam no tratamento sem que ele os reconheça como seus.

MARIE-HELÈNE BROUSSE

Uma dificuldade na análise das mulheres: a devastação da relação com a mãe

A prática da psicanálise põe em evidência um real clínico que se manifesta ao retornar com insistência ao mesmo lugar. Esse já era o procedimento de Freud em seu "Uma criança é espancada". Nos tratamentos de seis analisantes diferentes, ele constatava a presença de um mesmo enunciado correlato de uma mesma obtenção de gozo sexual. Meu trabalho toma igualmente seu ponto de partida da repetição, em diversos tratamentos, de um mesmo elemento: a devastação mãe-filha, tal como vem habitar a transferência.[1] Essa questão revela-se uma dificuldade na análise das mulheres, já assinalada por Freud.

Nos momentos difíceis do processo analítico em que a relação devastadora com a mãe vem em primeiro plano, a questão do semblante é central. A fórmula de Jacques-Alain Miller, "o ato [analítico] parte do semblante, mas não suporta o semblante",[2] caracteriza perfeitamente a posição subjetiva dos sujeitos cujos tratamentos esbarram na devastação.

A vacilação do semblante é um traço essencial desses momentos de crise sob transferência, o analista e a análise tomando então consistência de um real insuportável. Posto a nu, o semblante vê-se transformado em mentira ou relegado a um desprezível enquadramento que estala sob os assaltos do real, desqualificando a própria função da fala. A zona da devastação é assim um lugar escolhido de vacilação dos semblantes, o que em si constitui um problema clínico. A "devastação" do sujeito feminino, que Lacan menciona em "O aturdito" ("a devastação que constitui na mulher ... a relação com sua mãe"),[3] apresenta-se na análise articulada ao amor de transferência.

Freud, ao utilizar outros termos, aborda essa questão no final de sua obra. Salienta a cada passo a importância, que disse ter subestimado, da relação precoce mãe-filha. Vincula a essa relação primordial o ponto de tropeço de toda análise de mulher sobre o *Penisneid*, o que lhe valeu desde então os clamores da massa feminista. Pode-se assim reler à luz da problemática da devastação o artigo tardio de Melanie Klein sobre a inveja. São numerosos os exemplos na clínica; os dados que Dominique Laurent recolhe na expressão "Rainha da noite" vieram trazer um elemento novo ao problema em sua referência explícita à transferência na análise.

Depois de vários anos de trabalho analítico rigorosamente empreendido por analisantes mulheres, trabalho que provocou certas modificações incontestáveis da posição subjetiva, ocorre de a devastação fazer sua entrada na relação analítica, seja de forma nova, seja de forma mais despojada, sempre seguindo, claro, o veio da lógica precedentemente desdobrada pelo sujeito. Essa experiência questiona necessariamente o desejo do analista tal como Lacan introduz seu conceito em "A direção do tratamento...", na parte intitulada "Como agir com seu ser?". A exposição de Dominique Laurent, bem como os relatos de certas analisantes que vieram me consultar depois de uma ruptura do elo transferencial com seu analista (homem ou mulher), que havia assumido para elas a figura da devastação, mostra a que ponto a partida pode ser difícil. Para além dos elementos anedóticos analisáveis em termos de contratransferência, e portanto de resistência do analista, essa dificuldade assinala um ponto de real clínico que exige do analista um tratamento sério, isto é, estrutural. Por que existe antagonismo entre esse tipo de relação com a mãe, qualificado por Lacan de devastação e já identificado por Freud sob outras expressões, e o discurso analítico?

O *Penisneid* é para Freud o limite da análise dos sujeitos femininos. A devastação seria então uma das modalidades do *Penisneid* tal como se desdobra na análise. Certo, Freud faz do *Penisneid* a mola do complexo de Édipo na menina no momento da fase fálica: "Ela observa o grande pênis bem visível de um irmão ou de um colega de brincadeira, reconhece-o imediatamente como a réplica superior de seu próprio pequeno órgão escondido e desde então torna-se vítima da inveja do pênis ... Viu aquilo, sabe que não o tem e quer tê-lo."[4] Convém dar todo seu peso ao termo "escondido". A menina o tem sob esse modo e é sob esse modo que o ter entra para ela na problemática do feminino, problemática que afeta também sua mãe. Os objetos preciosos da mãe estão escondidos: armários fechados, gavetas secretas, objetos fora de circulação ciosamente guardados pela mãe para seu próprio gozo.

Freud faz a sexualidade feminina derivar da inveja do pênis, sublinhando "suas conseqüências psíquicas múltiplas e de grande alcance". A primeira conseqüência é a "cicatriz": é a marca do narcisismo feminino. Pode-se enxergar aí a marca de fábrica da relação que uma mulher mantém com o corpo feminino, colocando a ferida, a chaga, no coração da imagem sob a forma do que a sutura. A segunda é a "inveja": segundo Freud, é a marca de fábrica da fantasia "Uma criança é espancada", atribuída por ele nesse texto ao sujeito feminino como "resíduo da fase fálica". Segundo ele, o ponto reconstruído na análise é o pai como espancador, e por conseguinte, a fantasia passa da mãe para o pai. A terceira conseqüência diz respeito à relação com a mãe designada como responsável pela falta da filha e supostamente capaz de gozá-la: é a "devastação". A quarta é a reação contra o onanismo, que, segundo Freud, abre caminho para a sexualidade feminina segundo o famoso deslizamento dos objetos: é o "deslizamento" dos objetos femininos. O deslizamento não é troca, iluminando-se mais pela metonímia do que pela metáfora e a substituição.

No artigo seguinte sobre "A sexualidade feminina",[5] Freud acentua ainda o ódio a respeito da mãe, feito de recriminações diversas, dentre elas a sedução, explicando a intensidade desse ódio pela intensidade do amor que o precede e pela decepção. Para Freud, a devastação está portanto estritamente correlacionada ao destino do falo na menina.

É exatamente o termo "inveja" que Melanie Klein retoma em seu livro *Inveja e gratidão* para caracterizar o ponto de impossível na análise, com um pessimismo que se apóia sobre uma falência originária da relação com o Outro materno, falência da ênfase paranóica: "morder o seio nutriz", morder a mão que alimenta, e, ao fazê-lo, minar incontinenti a relação com o Outro na qual o sujeito poderia se apoiar.

Esses diferentes elementos freudianos são retomados de forma depurada por Lacan no Seminário 5, particularmente nas seções XIV, XV e XVI,[6] em que volta a questionar a fase fálica, na seqüência de sua modelização dos três tempos do Édipo. O contexto é imediatamente situado: é o do desejo que é ordenado pela lei do significante, na medida em que "participa de uma aventura primordial, que ali se inscreve e se articula, e que relacionamos sempre a algo de originário que aconteceu na infância e que foi recalcado ... a aventura primordial do que aconteceu em torno do desejo infantil, do desejo essencial, que é o desejo do desejo do Outro, ou desejo de ser desejado. O que se inscreve no sujeito ao longo dessa aventura, subsiste permanente aí, subjacente".[7] A relação com esse Outro primordial que é a mãe vem substituir a "economia das gratificações, dos cuidados, das fixações, das agressões" — reconhecemos aí Melanie Klein — e centrar o destino do sujeito "na dependência primordial do sujeito em relação ao Outro. Eis o que é inscrito, simultaneamente à história do sujeito, em sua estrutura —

são as peripécias, os avatares da constituição deste desejo enquanto ele é submetido à lei do desejo do Outro".[8]

É assim que Lacan reformula a questão da relação primordial com a mãe: para o sujeito, "o que conta é fazê-lo reconhecer, em relação ao que é um *x* de desejo na mãe, em que foi levado a tornar-se ou não aquele que a ele responde, a tornar-se ou não o ser desejado". Tornar-se ou não o ser desejado, este é um dos aspectos do que está em jogo. O sujeito busca saber o que orienta o desejo da mãe e a calcular seu lugar ali. Essa dialética comporta um terceiro, o pai, "presença de um personagem, desejado ou rival". Esse terceiro termo permite ou não à criança ser um "filho demandado ou não"; para além do cativeiro imaginário, algo permite à criança ser significada. Esse algo é um símbolo, um significante por meio do qual o sujeito deve se fazer reconhecer. Lacan retoma então a questão do *Penisneid* diferenciando três modalidades suas: 1) no sentido da fantasia, anseio de que o clitóris seja um pênis: castração, ou seja, amputação simbólica de um objeto imaginário; 2) inveja do pênis do pai, ou seja, frustração de um objeto real; 3) inveja de um filho do pai, ou seja, privação real incidindo sobre um objeto simbólico. Para cada uma dessas modalidades o agente da falta tem sua importância.

A criança ingressa na estrutura significante pelo avesso da passagem da mulher na dialética social como objeto. Daí a dedução de Lacan: ou a criança abandona esses objetos fazendo-se ela própria objeto da troca, ou guarda esses objetos, para além de seu valor de troca. O falo barra portanto a satisfação de ser o objeto exclusivo do desejo da mãe. Formação do ideal do eu de um lado, gozo constituindo o objeto da mãe do outro.

Tanto em Freud como em Lacan, trata-se aí de um modelo que recebe valores singulares segundo a história do sujeito. Porém, em todos os casos de figura, a relação mãe-filha continua a ser centrada na reivindicação fálica.

Nessa perspectiva, o que é a devastação? Com a mãe, permanecendo o Outro incólume pela troca fálica e a lei simbólica, permanece o objeto único da filha única. Uma resposta consiste em ser o fetiche materno. Mas esse fetiche é sempre supérfluo, uma vez que o Outro traumático (isto é, o Outro da satisfação sexual) é completo. Outra resposta consiste em arrancar da mãe o que, de todo modo, não encontrará na troca que não existe e que, não arrancado antes, converte-se em dejeto.

Em todos os casos, a devastação está ligada à troca fálica impossível, algo na mãe tendo escapado à lei simbólica que deveria tê-la feito objeto na estrutura da troca. Em conseqüência disso, ela tende a permanecer um Outro real, sendo interpretada como Outro do gozo. Ela convoca portanto, seja à fusão impossível, seja à perseguição.

Em cada sujeito que responde a essa conjuntura, a origem, ou ainda o que Lacan chama a aventura primordial do que se passou em torno do desejo infantil, que é sempre o mesmo, é diferente. Nessa perspectiva, a devastação provém de uma falha que afetou, no que Lacan denomina a tríade, a fala.

A devastação situa-se no campo da relação entre o sujeito e a mãe, o dito campo que inclui o Outro da linguagem e a relação da fala. Esse campo, chamado por Lacan de "desejo da mãe", a ser entendido segundo as duas modalidades do genitivo em francês, comporta uma zona obscura não saturada pelo Nome-do-Pai, e como tal sem limite definido.

Não se trata portanto de reduzir a devastação à devastação dual com a mãe. Freud já tinha tomado posição quanto a esse ponto, mas Lacan vem também esclarecer as coisas, demonstrando que a relação mãe-filho é imediatamente situada no campo do simbólico. É importante lembrar esse aspecto, pois a deriva para uma relação autárquica entre a mãe e a criança permanece um caminho que, por ser sem saída porque falso, não deixa de ser por isso menos freqüentado.

Desde o *Fort-Da*, o Outro está presente. Está presente também na vinheta agostiniana freqüentemente citada por Lacan, uma vez que a referência à não-fala introduz aí a própria ordem da linguagem. A singularidade não deve portanto ser buscada a partir de uma relação que escaparia ao discurso, estando, em virtude disso mesmo, em relação direta com o real, o que levaria necessariamente a identificar devastação e psicose. Leva antes a especificar o tipo de emergência singular da linguagem no sujeito.

Penso na seguinte observação de Lacan: "... o inconsciente é estruturado como uma linguagem. Com uma ressalva: o que cria a estrutura é a maneira como a linguagem emerge a princípio num ser humano. É, em última análise, o que nos permite falar de estrutura."[9] Prossegue: "As linguagens têm algo em comum — talvez nem todas, já que não podemos conhecê-las todas, talvez haja exceções —, mas são linguagens de verdade que encontramos ao tratar os sujeitos que vêm nos visitar. Às vezes eles guardaram a lembrança de uma primeira linguagem, diferente daquela que acabaram falando." Se por um lado a seqüência do texto e sua referência ao artigo de Freud sobre o fetichismo indicam que ele está pensando em línguas estrangeiras, por outro, podemos conferir-lhe sua radicalidade considerando que todo sujeito falou uma primeira linguagem, nem que fosse na própria língua. A devastação deve-se a essa maneira particular com que a linguagem despontou num sujeito. Toca portanto nos confins da marcação simbólica: é esta minha primeira hipótese. Os tratamentos a partir dos quais me instruo permitem-me qualificar essa particularidade (tal como portadora da marca da reconstrução em análise) como o que "aconteceu de primordial na infância".

Essa emergência pode se dar sob a forma de insulto. Jean-Claude Milner[10] escreveu a propósito do insulto que "o sujeito se vê chamado a carregar um nome cujo conteúdo de propriedade resume-se apenas ao proferimento". Acrescenta: "Não é fulano aquele que chamamos fulano, e ele só o é no instante que o nomeamos. A propriedade não subsiste fora da nomeação." Vemos a falta de perenidade, divertimo-nos com o equívoco que se insinua nessa falta de pai, de um tal nome, que não tem outro recurso para atingir a uma certa estabilidade a não ser o do objeto. Assim ouve-se o objeto em injúrias diversas como "nojento, sacanagem, merda" etc. Surge, em lugar de um estofo [*capitonnage*], a fixidez de um objeto de gozo que bloqueia, como tropeço, a deriva metafórica dos significantes-chave, e rebaixa o sujeito ao ser do objeto que ele foi para o Outro: negação da falta-a-ser e designação de um ser como objeto rebotalho.

Emergência sob forma da crítica da linguagem aprendida pela criança em um Outro, crítica análoga ao insulto. Emergência sob a forma de rejeito — "Esta que está na minha frente não é mais a minha filha" — que riscou dos seres vivos para o sujeito visado, o filho querido da mãe que se descobria ter sido no momento em que cessava de sê-lo. Emergência ainda sob a forma do imperativo do silêncio de um dedo colocado na boca, que se associa ao golpe que vem castigar o que permanece fora da fala.

O ponto comum dessas emergências, por sinal diferentes, e tendo gerado destinos estruturais diferentes e sintomas bem distintos, é em primeiro lugar a conexão dessas experiências de fala com o sexual como trauma, portanto com a experiência pulsional do sujeito. Em todas as ocorrências, a fala do Outro materno está associada à descoberta de uma experiência de gozo. Porém, segunda característica, essa emergência sobre fundo de gozo sexual traumático, isto é, de marcação do corpo por um significante, efetua-se no momento em que surge a diferença dos sexos, no seio da função fálica, sob a forma de um enigma. Enfim, essa emergência consagra a crença inabalável na onipotência de um Outro não castrado, de uma Mãe que escapa à falta da castração e que apresenta ao sujeito uma alternativa mortal: ou o rejeito, ou a reintegração de seu produto pela genitora.

Em cada sujeito que responde a essa conjuntura, "a aventura primordial do que se passou em torno do desejo infantil".

Para Freud, a devastação está estritamente co-relacionada ao destino do falo materno na menina. A categoria da demanda, diferenciada do desejo, permite a Lacan precisar o *Penisneid*, e seu avanço sobre a questão do falo — ou seja, sua separação do órgão pênis e sua definição, a partir dos primeiros seminários, como significação, ou seja, unidade de medida do valor libidinal dos objetos, depois como significante do desejo — produz uma mudança de perspectiva. Do mesmo modo, a referência à estrutura de linguagem do inconsciente é complementada pelo modo de emergência da palavra para cingir o fenômeno de devastação que surge no campo do "desejo da mãe".

Nossa experiência nos cartéis do passe da Escola da Causa Freudiana foi muito instrutiva acerca desse *x* do desejo da mãe. Ali descobrimos efetivamente que, qualquer que seja a estrutura do sujeito feminino, quaisquer que tenham sido as contingências da história do sujeito, qualquer que tenha sido o sintoma, uma invariante se destacava. O *x* do desejo materno assumia sempre, num determinado momento da análise, o valor da morte. O significado para o sujeito era o filho cuja morte se desejara. Esse dado clínico vem esclarecer o termo "devastação".

Éric Laurent observou, depois de minha primeira exposição por ocasião da Jornada dos AE da ECF 2000, que hoje em dia era ponto pacífico, ao contrário do estribilho da época freudiana, que as meninas o tinham, o que não as impedia de demandá-lo numa reivindicação absoluta, sem limite. Não há limite para o fetichismo materno: chamo assim a relação com o falo materno construído por esses sujeitos, que não têm outra alternativa senão encarná-lo ou tentar arrancá-lo.

É o que se constata nesses casos de devastação em que a função paterna demonstra-se incapaz de apaziguamento, o pai manifestando-se como a serviço do capricho materno, e não como agente de sua privação. Nos tratamentos em que me apóio, o traço que caracteriza o pai é sempre a impotência. Essa impotência deve-se ao gozo desvelado no serviço da mãe. A clínica mostra, por sinal, que essa mesma configuração no menino produz distúrbios precisos da função sexual. O pai da promessa, e portanto do dom, que vem fazer contraponto à demanda, é afetado por um sentimento de descrença ou então reaviva a dor do roubo sofrido com a mãe. Lacan, nos *Escritos*, qualifica, aliás, de transferência essa passagem da mãe ao pai.

A devastação à luz do falo leva então a pensar o seguinte: ele é articulado a uma identificação masculina à qual vem imprimir o contraponto de uma feminilidade insuportável.

A declaração de Lacan permite no entanto abordar as coisas por outra via, que não é alternativa mas suplementar. Com efeito, o desejo da mãe está longe de ser inteiramente saturado pelo significante. Há na mãe, ao lado do desejo, um gozo desconhecido, feminino.

A disjunção operada por Lacan entre mãe, vertente universalidade fálica, e mulher, vertente inconsistência do universal, permite progredir sobre a questão da devastação. Não haveria aí outra face da devastação, que não remeteria inteiramente à demanda e ao desejo fálico, mas também a um sem-limite relacionado à particularidade da sexuação feminina?

Mostramos como no inconsciente o desejo da mãe vê-se supostamente saturado pela significação fálica, ligada ao Nome-do-Pai. Existe porém um resto que escapa ao falo. Lacan trabalha essa questão no Seminário sobre "O desejo e sua interpretação", nas sessões dedicadas a Hamlet. Evoca ali o gozo sem limite paterno da mãe de Hamlet, que qualifica de "verdadeira genital". Já podemos ver aí o surgimento de um gozo feminino, não redutível ao desejo e refratário ao limite simbólico. A devastação pode então aparecer no ponto de gozo enigmático percebido na mãe pela filha menina, gozo não limitado pelo falo. Daí a afirmação recorrente nesses sujeitos femininos da loucura materna, da deflagração materna contra a ordem do discurso.

Freud qualificava de cicatriz a castração inicial na mulher, e fazia dela a marca do narcisismo no feminino. Mas a cicatriz é uma solução que mobiliza a castração e integra a falta, isto é, o simbólico como borda. Ora, que a castração seja ponto de partida, tem como conseqüência uma ausência de limite, e a questão do corpo não se deixa reduzir totalmente na clínica à cicatriz que já é um nome fálico atribuído ao irrepresentável do feminino, ao que do corpo se deixa dificilmente reabsorver pelo corpo simbólico.

O trabalho de Jacques-Alain Miller e Éric Laurent, a partir do texto de Lacan dedicado a Marguerite Duras e a *Lol V. Stein*, veio esclarecer para mim a questão da devastação. Fez eco a uma fala analisante que qualificava a analista como "viajante de comércio em devastação".

Proponho a seguinte tese: a devastação está presa ao arrebatamento. É com que me comprometem a fala analisante e o saber que aí se deposita. A primeira qualidade exigível de um analista é se deixar ensinar por essa fala, docilmente, ao que objetam com freqüência a angústia e a culpa, como observara Monique Kusnierek durante uma exposição apresentada num encontro dos AE na ECF.

Arrebatar tem duas vertentes. De um lado, remete ao roubo, e Lacan no Seminário de 3 de março de 1972, "O saber do psicanalista", caracteriza um dos dois aspectos da sexualidade feminina em sua referência à função fálica como "querer arrebatá-la ao homem". De outro lado, remete a um "ser arrebatado", ou seja, extraviado de si mesmo, e evoca a estátua de santa Teresa du Bernin à qual Lacan indexa os êxtases femininos: é o outro gozo que então está em jogo. Jacques-Alain Miller formulava que o arrebatamento está ligado ao corpo, ou mais precisamente ao fato de *ter* um corpo, o qual pode por conseguinte ser extraviado. O arrebatamento afeta tanto o registro do ter como o do ser.

Claro que a lógica fálica está presente aqui. A mãe verifica-se uma arrebatadora de corpos. Ela o é por estrutura, poderíamos dizer, já que fala. Mas é também uma arrebatadora de filho, em razão mesmo dos cuidados que lhe presta. Ser arrebatada é ser descompletada de seu corpo, com o efeito de gozo que acompanha a deslocalização. Em todos os tratamentos que constituem o real clínico no qual apóio esta reflexão, a irrupção da perspectiva da devastação no elo transferencial coincidia com uma ênfase colocada sobre o corpo.

Na relação de devastação — uma vez que é uma relação, e penso inclusive numa relação substitutiva à relação sexual que não há —, o sujeito é despossuído de seu lugar. Esse lugar que não existe mais pode ser declinado como fala, o sujeito sendo então reduzido ao "silêncio"; como corpo, e o sujeito não passa de um "corpo em excesso", ou uma carne desfalicizada que é um "buraco negro"; como errância, fenômeno de despersonalização, de auto-eliminação. Essas modalidades são provavelmente determinadas pela maneira como a linguagem deixou marca na experiência sexual traumática.

O arrebatamento é portanto uma forma de perda corporal não simbolizável pelo significante fálico, uma não-redução das imagens cativantes à imagem central do corpo, uma não-inscrição do corpo no desejo do Outro. Eu dizia, sempre apoiando-me na fala analisante: "Uma menina está caindo num buraco." Esse "não lugar no Outro" não é apaziguado pela função paterna, uma vez que o que é visado é obter esse lugar em curto-circuito pelo amor, sem passar pela promessa. Mas há uma única via de acesso a esse Outro incólume sobre sua vertente não fálica: não resta mais ao sujeito senão escolher entre a destruição odiosa e a loucura, perspectivas igualmente nefastas. Essa opção pode eventualmente levar o sujeito a uma fascinação por uma parceira que se encaixa na categoria das mulheres loucas na vertente homossexual, ou a definir a mãe dessa forma. O sujeito permanece fascinado por um gozo feminino que não extrai sua consistência do falo.

A questão do corpo ou da perda do corpo desvela a face narcísica da devastação. Esta vê sua potência aumentada pelo fato de que o sujeito feminino não fez seu luto da mãe do fetiche, não entrando portanto no registro da troca. É o falo como significante e não como fetiche que torna possível a troca, incluindo aí a troca das mulheres. Uma característica desses sujeitos é com efeito sua dificuldade na vida amorosa (necessariamente heterossexual no sentido que Lacan dá a esse termo), em consentir a pôr em jogo seus corpos na troca simbólica. Essa dificuldade declina-se na relação sexual e na maternidade. Dificuldade a ser dada, ou então emprestada. O que é visado, e que é ao mesmo tempo insuportável, é uma fascinação, uma captura fusional. Como uma mãe dá corpo? Trata-se necessariamente de um corpo desfalcado, que passa a transmissão dos objetos metonímicos do corpo na relação mãe-filha. Ao contrário dessa transmissão, ele é portanto coerente ao declarar que a devastação é conseqüência do arrebatamento, e mobiliza o insaciável do amor em lugar do desejo.

Esse corpo que decai na relação com o Outro incólume pela fala, e que a estratégia do sujeito é deixar incólume, mobiliza de forma particular a questão do semblante. Ali também a fala analisante constitui um saber. A imagem corporal não consegue tapar o buraco, desfalicizado que está. Assim, a roupa, para tomar um valor específico, véu do corpo que não existe, ou mentira. "A dama está bonita em seu vestido verde, diz uma menina. Não, não é a dama que está bonita, diz a mãe, é o vestido." Exemplo preciso do arrebatamento, e entrada da roupa e outros acessórios na categoria da bugiganga, do supérfluo.

Esse supérfluo é o semblante na medida em que não é capturado pela metonímia dos objetos a partir do corpo, permanecendo em relação direta com a falta de significante do feminino, afastado da dinâmica da troca simbólica que é o liame do discurso.

Em "O aturdito",[11] Lacan define o semblante em função da ausência da relação sexual, dizendo que a função fálica é um modo de acesso sem esperança à relação sexual, "função que só se sustenta ali por ser semblante". Do lado do sujeito feminino, lanço a hipótese de que a devastação, com um tratamento específico fora do discurso implicado pelo corpo, é outro modo de acesso sem esperança. Ele desvela, para retomar uma expressão de Lacan nessa mesma página, "o real dessa praia [construída pelo Nome-do-Pai]", que "pelo o que fracassa ali o semblante, 'realiza' certamente a relação cujo semblante faz o suplemento, mas tampouco é a fantasia que sustenta nossa realidade". A devastação desvela então o real dessa praia. Quando é a fantasia que sustenta a realidade, é o objeto a que é mobilizado pelo desejo no parceiro. Quando é a devastação, é o arrebatamento de seu corpo pelo parceiro que é imputado pelo sujeito a esse mesmo parceiro num "amoródio" [*hainamoration*].

O que Lacan enuncia no Seminário "RSI", colocando em paralelo a mulher como sintoma para um homem e a devastação que pode ser um homem para uma mulher, vai nesse sentido. Um homem, devastação para uma mulher, é aquele que reaviva o sem-limite do gozo feminino não saturado pela função fálica. "Não há limite, diz Lacan, para as concessões que cada uma faz a *um* homem..."[12]

Em resumo, pode-se considerar que a devastação comporá uma face fálica de reivindicação articulada ao desejo da mãe, e uma face não-toda fálica que se deve ao arrebatamento do corpo, e que está ligada à dificuldade de simbolizar o gozo feminino.

Podemos enunciar os três pontos seguintes: 1) a devastação deve-se à singularidade do modo de emergência da linguagem num sujeito, fazendo portanto referência ao Outro primordial; 2) a devastação situa-se, no momento da introdução traumática do sexual, na perspectiva de uma satisfação direta da demanda pela mãe, que, embora não exclua a função fálica, não a coloca em termos de troca e portanto de perda; 3) a devastação é, em um sujeito feminino, a conseqüência do arrebatamento determinado pela ausência do significante da mulher, ausência vislumbrada pelo sujeito por ocasião do contato com aquilo que, em sua mãe, não se deixava reduzir ao desejo e ao significante fálico, mas derivava de uma ausência de limite. Refere-se para o sujeito feminino ao real fora do corpo do sexo, isto é, uma parte de gozo não redutível à significação fálica e mobiliza ou antes imobiliza o sujeito alternadamente no "amoródio" da demanda absoluta e na aspiração pela imagem do insignificável.

Enfim, a devastação acha-se no ponto em que o semblante fracassa. É portanto tratável na análise, uma vez que "o ato [analítico] parte do semblante, mas não suporta o semblante". Na análise, o semblante é desnudado, o que dá finalmente ao sujeito uma chance de inventar para si um nome que ele não tem para delimitar a zona de real nos confins da fala.

SERGE COTTET

Uma sexta psicanálise de Freud: o caso Ferenczi

Monumento da história da psicanálise, o último tomo da correspondência Freud-Ferenczi[1] pode ser abordado de diversos pontos de vista. Se o discurso analítico fornece o âmbito desse intercâmbio, Ferenczi não se contenta em ser o jovem propagandista e o analisante de Freud. O vínculo com este foi ao mesmo tempo íntimo, científico, político e alimentado pela causa analítica.

Com o último tomo, 1920-33, a demanda terapêutica não está mais em primeiro plano. Razão a mais para que se prolongue num outro terreno, o da colaboração de Ferenczi na edificação do saber analítico sob transferência. Com efeito, se as contingências dos efeitos clínicos modulam-se de forma variada ao longo de vários anos, um ponto fixo subsiste: Freud, o mestre, o pai, o mentor. É com referência a essa suposição de saber intocável durante vinte e cinco anos que podemos apreciar os avatares de uma relação cada vez mais tempestuosa a partir de 1924. Exemplo único na história da psicanálise, essa correspondência evidencia o encontro de uma transferência de trabalho com uma posição subjetiva, que torna a análise interminável. Pode-se dizer também que ela prossegue pela elaboração da doutrina sobre os pontos cruciais que esse próprio tratamento revela: a fixação de um termo para a análise, a técnica ativa, a resistência do psicanalista, a interpretação; dir-se-ia que os tropeços e impasses da análise de Ferenczi orientam sua pulsão "epistemofílica" nos pontos mais sensíveis em que seu inconsciente é concernido.

Os quatro discursos lacanianos são requeridos para fazer surgir esses cruzamentos entre a obra de Ferenczi e os avatares de seu tratamento.

Costuma-se inscrever Ferenczi no discurso da histérica. Não faltam sintomas somáticos para justificar esse diagnóstico. Mas acima de tudo Ferenczi ou mostra repugnância em bancar o mestre ou então faz-se de mestre do mestre. Ele lhe faz perguntas. É o caso com numerosos alteregos, Rank, Groddeck. É certamente o caso com Freud. Ele o chateia à maneira de Sócrates, chegando a exigir dele reciprocidade, aliança, colaboração intelectual em pé de igualdade. Essa demanda de reconhecimento continuará a orientar Ferenczi cada vez mais para uma concepção dual da análise, que apresenta ela própria uma história e descontinuidades. Nossa hipótese é que a exigência da demanda de amor, bastante explícita na correspondência, e à qual Freud opunha bico calado, encontrará uma escapatória na elaboração de sua técnica, sobretudo em seus exageros.

O caráter interminável da demanda de reconhecimento vai continuar a histericizar o sujeito aumentando sua insatisfação até a ruptura. Sabemos que a questão da análise da transferência negativa deu ensejo a uma demanda de interpretação que persiste até 1930.

É decerto fácil sugerir que um analisante que se tornou analista e teórico da análise irá orientar sua pesquisa para o intratável de seus sintomas ou os tropeços de sua fantasia. A envergadura do pensamento clínico de Ferenczi nos confirma isso com o texto na mão, conferindo ao desejo do analista uma consistência e uma concretude excepcionais. Dizíamos que o aluno de Freud também se faz de mestre. Vemos o analisante tornar-se o analista e competir com Freud sobre os pontos mais sensíveis em que a psicanálise é confrontada ao impossível.

Essa duplicidade, ou melhor, essa dupla face, opera freqüentemente em continuidade, dando um aspecto moebiano à divisão subjetiva. Ferenczi desempenhava ao mesmo tempo o filho e o pai, como Lacan apontou ao definir Ferenczi como filho-pai.[2]

Seria fácil, para ser completo, atravessar essa correspondência do ponto de vista universitário, quando prevalece um Ferenczi terapeuta e médico, animado por um *furor sanandi* que Freud não será capaz de moderar. Clínico incansável, especialista em casos desesperados, ele faria um morto andar. No mínimo, conseguia fazer seus pacientes fóbicos atravessarem a ponte de Budapeste, de braços dados. A técnica deslizou da interpretação para a transformação do sujeito por uma estratégia destinada a desafiar a inércia do sintoma.

Esse aspecto ativista sempre agradou. Geralmente ele é oposto, como faz o próprio Ferenczi, à frieza especulativa de Freud, que reconhece, em 1930, o fastio da prática analítica: "*I am fed up*", ao mesmo tempo confiando a seu aluno substituí-lo numa tarefa à qual ele próprio renuncia.[3]

Essa é também a versão da prefaciadora de sua correspondência, de origem húngara, Judith Dupont. Teríamos assim estabelecido o equilíbrio entre especulativo e terapêutico, entre psicanálise pura e psicanálise aplicada, distinção que nos lembra atualmente Jacques-Alain Miller. O problema é mais complexo, já que Ferenczi também especula muito, divaga às vezes e engaja-se em discussões doutrinais, sem preocupação alguma com os limites impostos pela experiência a todo tipo de elucubrações.

Admite-se às vezes uma espécie de complementaridade entre Freud e Ferenczi, puxando este último na direção de Lacan no modo "há real no tratamento". Nem todo sintoma é linguagem. É o ato analítico que produz o inconsciente etc. Contudo, fica claro que o real de Ferenczi deriva do atual, do contato, do corpo, e portanto tem pouca relação com o real lacaniano como limite do simbólico. O ativismo de Ferenczi manifesta sobretudo sua intolerância em relação a qualquer semblante. Ainda que a obra de Ferenczi revele certos impasses da direção freudiana do tratamento, ele nada tem de precursor.

A correspondência cotidiana atesta uma dimensão da obra que só podemos apreciar em função da transferência referente a Freud, bem como de sua posição no grupo analítico.

Esclareçamos que não somos os primeiros a fazer análise do caso Ferenczi. Na Escola Freudiana de Paris, uma tentativa fora sustentada nesse sentido por Diane Chauvelot e Philippe Julien.[4] Os autores consideraram que se tratava de um passe, e que ele na verdade falhara. Privilegiava-se na época os critérios-padrão de fim de análise aos quais decerto Ferenczi não satisfaz, como se os pioneiros da psicanálise tivessem que se apresentar perante um júri!

Parece-nos mais rigoroso atravessar a história dessa correspondência de um triplo ponto de vista: analítico, epistemológico e político. Resta, de fato, mostrar que o caso Ferenczi revela também uma crise inerente à psicanálise tal como Freud a concebia e cuja ressonância ainda nos diz respeito.

Ferenczi, imbecil de gênio[5]

Poderíamos atribuir, como Lacan, valor de sintoma ao contraste manifestado por dois aspectos de sua obra: a extravagância teórica de um lado, e a perspicácia clínica de outro, qualidade que Lacan confere ao "mais autêntico interrogador de sua responsabilidade de terapeuta".[6] O especialista em análise da análise, como do aperfeiçoamento da técnica analítica, não escapou ao delírio biológico que caracteriza sua produção ao longo dos últimos anos. Pode ser que sua reivindicação a respeito de Freud, de não ter sido analisado até o fim, de ter escapado da elucidação da transferência negativa, mascare um problema: a impossibilidade de renunciar à completude do sujeito.

Com efeito, Ferenczi queixa-se à larga do inacabamento de sua obra, de sua análise, de seus sentimentos de incompletude. Ao nomear por seu nome aquilo de que se trata na verdade, a castração, percebe-se que este é o tropeço comum tanto à sua obra como à sua análise. Não é à toa que Freud se refere, sem nomear, a Ferenczi em seu artigo sobre a análise sem fim e sobre o tropeço em questão. O próprio Ferenczi vem a encarnar esse paradigma que é a recusa tenaz de ceder diante do pai.

A leitura da famosa carta de 17 de janeiro de 1930 confirma isso: "O senhor foi meu mestre adorado e meu modelo inatingível, por quem eu nutria o sentimento, nem sempre sem mistura, sabemos disso, do aprendiz... O que particularmente lamentei foi que o senhor, no curso da análise, não detectou em mim, e não conduziu à ab-reação, os sentimentos e fantasias negativos, que em parte eram apenas da ordem da transferência."[7]

Conhecemos a resposta de Freud por seu artigo "Análise com fim, análise sem fim".[8] Em sua resposta de 20 de janeiro de 1930, Freud diz praticamente a mesma coisa, mas acrescentando, não sem malícia, que, no que diz respeito à agressividade e à rivalidade, esta se torna patente e manifesta. Ela se atualiza, enfim, na posição política de Ferenczi. Este tornou-se inadministrável no comitê. Recusa-se a ocupar seu lugar no seio do grupo. Abstém-se de comunicar seus textos a seus colegas antes da publicação. Não assiste mais aos congressos. Seu relaxamento em matéria política, as confusões referentes à sua eleição à presidência da Associação Internacional o levam a ficar de lado. Abraham e Jones lhe são insuportáveis. Seu complexo fraterno é reativado. De resto, Freud qualifica de criancice esses resíduos de juvenilidade (20 jan 1930). Mais tarde, em 1932, envia a Eitingon uma carta retumbante a respeito de Ferenczi: "Ele está em plena hostilidade neurótica a respeito do pai e dos irmãos; jogo mãe-filho com seus pacientes. Pena! Mas será que vivi um único caso de desvio teórico sem que fosse precedido por uma motivação pessoal!"[9] De acordo, mas qual?

A imputação de desviacionismo carrega hoje em dia um ranço político de mau gosto. É claro que essas derivas também acompanham descobertas. A obra é incrustada de pérolas e diamantes. Freud e o próprio Jones concordaram quanto a isso. Sobre o desconhecimento total do que se refere à castração simbólica na orientação freudiana, para não falar dos contra-sensos sobre a pulsão de morte, Ferenczi não é o único. Nenhum dos *followers* de Freud compreendeu uma gota disso. Num célebre artigo, "O comitê castração"[10], Éric Laurent colocava em seqüência a afânise de Jones, a teoria da genitalidade de Ferenczi, a angústia do nascimento de Rank e a depressão originária de Abraham: o único real que conta, para eles, é a mãe. O declínio da "*imago paterna*", nos teóricos, é manifesto, sem que nenhum deles chegue à mesma ambivalência.

Detenhamo-nos por um instante na teoria da genitalidade, por sinal bastante apreciada por Freud. "Seu pequeno ensaio no novo 'Movimento Psicanalítico' lembrou-me que você é o primeiro e, até o presente, o único que sabe explicar por que o homenzinho quer fornicar." O que não é uma razão para não ir ao Congresso, acrescenta Freud na mesma carta.[11]

No entanto, a teoria da genitalidade, isto é, a concepção que Ferenczi faz da relação sexual, é estritamente homogênea ao trauma do nascimento. Freud, cego por sua afeição pelo autor de *Thalassa*, levará um certo tempo para enxergar o perigo de uma má freqüentação. Em seu artigo "Masculino e feminino",[12] Ferenczi reedita sua tese do retorno ao seio materno como soberano bem. Parece Rank: "Ocorre que o membro viril e sua função são o símbolo orgânico do restabelecimento, ainda que parcial, da união fetal-infantil com a mãe, e ao mesmo tempo com o que é o modelo geológico, a existência em ambiente marinho".[13]

O coito supõe a identificação do sujeito com o pênis, em seu retorno à origem do mundo. O pênis não passa do instrumento de viagem. Goza rejubilando-se não por ser um pai, mas por ser um filho. Embora o ato sexual seja incestuoso, é sem transgressão da lei. "Dane-se sua mãe" — é a lei do retorno.

Citemos uma passagem brilhante sobre o mecanismo do retorno à situação intra-uterina: "Em primeiro lugar há a ereção, que, segundo nossa teoria da genitalidade e o desejo de retorno da situação intra-uterina que envolve, exige uma interpretação à primeira vista surpreendente. Suponhamos que o invólucro permanente da glande numa membrana mucosa [prepúcio] constitui de fato uma réplica em miniatura da situação intra-uterina. Quando, no momento da ereção, o aumento da tensão acumulada no órgão genital projeta a glande... [e, segundo nossa concepção, o representante narcísico do Eu inteiro] fora de sua posição de repouso bem protegida, pode-se dizer de certo modo que ele o gera... O pênis restabelece a situação perdida ao penetrar em outro invólucro, dessa vez efetivamente no interior do corpo da mulher, a quietude de que gozava antes de modo auto-erótico."[14] Aqui, nenhuma angústia, nenhuma castração. Fazer amor é sempre fazer filho. Acontece aliás o mesmo com o gozo feminino. A equação simbólica mulher = falo imaginariza-se aqui como mulher = pênis = bebê. É a homogeneidade dos gozos na anfimixia. Para Ferenczi, a relação sexual refere-se menos ao gozo do órgão do que à paleontologia.

Essa dificuldade de acesso em nome da mulher confere um privilégio ao nome da mãe. Constata-se sobre sua teoria da relação sexual esse fascínio pelo incesto. Antes de apreender suas razões íntimas, prestemos homenagem a Ferenczi por sua insistência sobre um assunto em geral desdenhado pela comunidade. Afora dois analistas, o problema do orgasmo foi pouco abordado. Nomeio Wilhelm Reich e Jacques Lacan, este último não hesitando em entrar nos detalhes da fisiologia no caso da detumescência no homem ou da frigidez na mulher.[15]

As barafundas da sexualidade

Antes de elucidar o sentido de sua transferência em relação a Freud, seu complexo paterno, Ferenczi foi a princípio transpassado por um sintoma: a clivagem de seu objeto de amor. Devia se casar com a mãe ou a filha? O próprio especialista no encurtamento da duração do tratamento tergiversou por muito tempo antes de se submeter a uma escolha forçada. Esse filho-pai foi também confrontado com a diplopia de seu objeto feminino: Gisella, a mãe oito anos mais velha que ele, e Elma, a filha. Analisou esta última antes de cair apaixonado por ela. Enviou-a então para análise com Freud a fim de conhecer a opinião dele sobre a autenticidade dos sentimentos amorosos da jovem mulher. Essa circulação das mulheres nos labirintos da transferência deixará Ferenczi confuso por uma boa dezena de anos antes de se casar com a mãe.

Ao mesmo tempo, as extravagâncias de Ferenczi prosseguem. Depois de uma escapada digna das *Artimanhas de Escapino*, durante a qual Ferenczi veste o disfarce do amante de uma jovem atrevida para fazer sua conquista, ele confidencia a Freud (28 fev 1916): "A princípio eu queria amar a mãe e a filha e mantê-las todas as duas. Agora, quero enganar o pai com seu consentimento."[16] Freud não se encantava com essas escapadas molierescas e considerava simplesmente que o tratamento não estava terminado. Voltando ao caso Gisella, assim comenta suas hesitações: "Não penso nada de bom sobre todo esse negócio e considero suas hesitações como prova de que nada de bom sairá daí." Como Ferenczi continua a praticar a auto-análise referente à sua indecisão, Freud acaba lhe dizendo: "Parece-me que você agora se serve da análise para confundir seus negócios, como a utilizou até o presente para fazê-los se arrastar" (26 nov 1916).

Talvez se possa pensar que essa advertência introduzirá mais tarde Ferenczi na função da urgência e do momento de concluir. Em se tratando da escolha amorosa, Freud impacientava-se em todos os casos e achava tempo demais para compreender: "Ame-se ou não uma mulher, deve-se poder decidir sobre isso, mesmo com as narinas tampadas" (12 mar 1916).

Admitamos então que a advertência teve alguns efeitos sobre a interrupção do processo de auto-análise sem fim. Ferenczi, alguns anos mais tarde, estará de fato na vanguarda de uma guinada na concepção da direção do tratamento e de sua técnica. Sua técnica ativa visa limitar o "fanatismo" da interpretação e, ao mesmo tempo, considera que a psicanálise inaugura um novo período em relação à fase ultrapassada da análise dos sintomas.[17]

É verdade que outros motivos pessoais intervêm. Em suas inovações, um nome ainda se impõe: Otto Rank. A sugestão operada por Otto Rank sobre Ferenczi é considerável. Ferenczi só mais tarde saberá qual era o instrumento desconhecido de seu desligamento de Freud. A correspondência dos anos 1920 revela que Freud não viu imediatamente o perigo. Era preciso a perfídia de Jones e a vigilância de Abraham para que o desvio fosse enfim desmascarado: Rank, um novo Jung. Jones, com efeito, põe lenha na fogueira com alegria, clama por traição e a remete aos complexos de adolescente de Ferenczi, verdadeiro catavento, identificado com tudo que se mexe, incapaz de respeitar a menor autoridade ou disciplina de grupo. Na época da criação da Internacional, Ferenczi já não nutria nenhuma simpatia pelas associações. Ele observa: "Conheço bem a patologia das associações e sei o quanto, nos agrupamentos políticos, sociais e científicos, reinam com freqüência a megalomania pueril, a vaidade, o respeito pelas fórmulas ocas, a obediência cega, o interesse pessoal, em lugar de um trabalho consciencioso, dedicado ao bem comum."[18] Essas críticas severas serão, naturalmente, sobredeterminadas pela rivalidade dos membros do Comitê quinze anos mais tarde. Jones detesta Ferenczi, que detesta Abraham etc. Seria preciso o estilo de um Saint-Just para dizer das devastações causadas pela amizade nos psicanalistas.

Para além dessas anedotas históricas, podemos nos espantar que Ferenczi tenha conseguido permanecer por tanto tempo na órbita especulativa do inventor do trauma do nascimento. Apenas as razões subjetivas que acabamos de abordar, e sobretudo o recalcamento em Ferenczi do significante da castração, pode explicar sua divisão. Fica-se de fato surpreso ao se constatar que o especialista da análise do analista, o que pretendia que a análise deve ser conduzida até o final, para além mesmo do recalcamento originário, tenha podido considerar Rank como autoridade científica. Em 1926, Freud o alerta, enfim, do perigo representado por Rank: sua solidão, seu mau caráter, as devastações que causou nos Estados Unidos como propagandista de uma psicanálise açucarada e abastardada. É sua neurose de fracasso, diz Ferenczi. Absolutamente, insiste Freud, Rank não foi analisado.[19] Melhor ainda, gaba-se de não tê-lo sido e pretende que os analistas que o são refluem suas próprias neuroses para cima de seus pacientes, Freud em primeiro lugar. Mas nada importa, Ferenczi está deslumbrado. Em seu diário, em 4 de agosto de 1932, ainda observa: "Fui longe demais com Rank, porque num ponto [a situação transferencial] ele me deslumbrara com sua nova intuição."[20]

Confusão das línguas nos psicanalistas

Assim, os "desvios" de Ferenczi acompanham efetivamente as flutuações de sua transferência sobre Freud. Não é menos certo que se podem deduzir várias dessas orientações a partir de seus próprios complexos. Ninguém, além de Ferenczi, terá sido mais bem-sucedido em rentabilizar cientificamente seus sintomas. O próprio especialista na análise do caráter tem caráter: narcísico e espontâneo, Ferenczi quer gratificações e fica indignado com a frieza de seus colegas a respeito de seus pacientes. Opõe assim o desejo de saber e o desejo do analista, a especulação e a terapia, a observação curiosa e a empatia. Ao fazê-lo, torna sensível para nós a tensão que pode existir entre psicanálise pura e psicanálise aplicada. No entanto, devemos saber que Ferenczi era sensível ao argumento e levava muito em conta a sugestão exercida pelo analista sobre seus pacientes. Freud chama freqüentemente sua atenção para essa distinção essencial. A característica de Ferenczi consiste em histericizar seus pacientes, lutando assim contra as tendências à obsessionalização do tratamento, freqüentemente denunciadas por ele. Para o ativo de sua posição subjetiva, podemos aliás mostrar que Ferenczi pretende dar provas de tato, ele sabe jogar com sua propensão à identificação com o analisante. Evidentemente, podemos temer o pior. No melhor dos casos, a vacilação de seus afetos é calculada. Entendido assim, podemos, como Lacan, apreciar as orientações técnicas indicadas em "A elasticidade da técnica analítica". Essa fase da técnica supera os impasses suscitados pela técnica ativa, caracterizadas pelo par frustração-regressão. Lacan presta-lhe homenagem nos *Escritos* como contribuição para o fim do eu no analista,[21] sobretudo redução da equação pessoal, lugar segundo do saber, única resistência a atacar: a da indiferença.[22]

Em contrapartida, pode-se considerar que a crítica da ajuda samaritana e da maternagem diz respeito apenas à terceira fase da inovação técnica, ou seja, a da análise mútua e da neocatarse.[23] A nítida tendência de Ferenczi em desempenhar ora a mãe, ora a criança, custa-lhe a severa réplica de Freud em sua carta referente às sessões de bolinação (carta de 13 dez 1931).

Essas críticas são bem conhecidas. Foram difundidas aos quatro ventos pelos freudianos dos anos 1930. Eram conhecidas em detalhe, bem antes da comunicação francesa da correspondência, saborosa sob esse aspecto. Já em 1985, *Ornicar?* nº 35 era dedicada em parte a Ferenczi, com a participação de vários membros da EFC e sobretudo dos germanistas da equipe de tradução: Suzanne Hommel e Bernard This. Havia prós e contras nisso.

Resta uma pergunta: por que a relação Freud-Ferenczi continua a dividir a comunidade analítica?

Vejamos o que diz respeito ao grupo analítico nos anos 1925-30. A independência, a originalidade de ponto de vista e a excentricidade não são a única proeza de Ferenczi. A maior confusão das línguas reinava na Internacional. Era a época das resistências à psicanálise no próprio seio do grupo analítico. A grande questão é a da análise leiga, difícil de ser aprovada nos Estados Unidos. Brill é contra e Jones faz acrobacias diplomáticas para alcançar compromissos. Ferenczi é inatacável quanto a essa questão: médico ou não, é preciso ser analisado. Essas questões diplomáticas desempenham um papel na eleição de Ferenczi para a presidência: esta é adiada (carta de Freud a Eitingon, 21 ago 1932). De outro lado, nos jovens, reina a confusão da psicanálise com a visão de mundo. Wilhelm Reich, apoiado por Fenichel, era o arauto do sexo-bolchevismo. Em Londres, fazia-se resistência a Anna Freud. E o desvio kleiniano conquista adeptos. Jones continua equilibrando-se entre todas essas tendências.

Ao participar da dissidência rankiana e freqüentar marginais inanalisáveis, como Groddeck, Ferenczi está, segundo Freud, numa ladeira cada vez mais escorregadia (carta de 29 ago 1932). Sua comunicação no Congresso de Wiesbaden, "Confusão das línguas entre a criança e o adulto", é pouco apreciada por Freud e ainda menos pelo séquito tomado pela obsessão da cisão.

Na realidade, o artigo leva em conta não apenas o real da sedução exercida pelo adulto sobre a criança, como também, e acima de tudo, as devastações da mentira do adulto e os mecanismos da identificação da criança com os efeitos perversos do discurso. Claro, trata-se de um retorno à teoria do trauma, mas decerto não é a anulação da doutrina freudiana da fantasia. Na época, o artigo fora julgado politicamente provocativo; Ferenczi dava-se perfeitamente conta disso. Nenhum dos membros do Comitê, por sinal, fez uma crítica séria sobre ele. No entanto, há uma certa lógica nele em seu desejo de recusar a posição do mestre e do pai na análise, posição pela qual diz tanto ter sofrido. Sua fobia do significante-mestre, sua vontade de livrar a relação analítica de qualquer semblante levam-no cada vez mais a operar como sujeito dividido. É como sujeito do inconsciente que ele quer operar. Decerto a função do objeto *a* lhe era desconhecida. Ferenczi quer dividir o outro dividindo-se a si mesmo. Eis a lógica que se pode extrair de sua forma de fazer-se de criança com os pacientes.

Resulta daí que, de mil maneiras, Ferenczi recusa o despotismo do significante, na medida em que é sempre o outro que detém o significante-mestre. Sua relação com a língua é especialmente coordenada a uma fantasia: seduz-se uma criança pela fala, presente que se dá ou se recusa. O próprio Ferenczi explica suas inibições na escrita pela incidência desse complexo. Considerando seus artigos como presentes, não sente vontade de atirar pérolas aos porcos. O complexo anal o retém. Só expelirá algo em troca de um presente. O significante, com efeito, dado ou recebido, não alimenta seu homem. E Ferenczi vai preferir sempre a carne fresca à interpretação: "Meu erotismo não quer se satisfazer com suas explicações; eu quero, o 'isso' quer, não uma interpretação analítica, mas algo de real: uma jovem mulher!, uma criança" (carta a Groddeck, Budapeste, Natal de 1921). Confissão decisiva em que tocamos o objeto do desejo nesse pai frustrado: Ferenczi, pai-filho sozinho, não terá filhos.

Uma paixão de transferência

Evocávamos a relação pai-filho. Será esse o núcleo da fantasia? Lacan, como apontamos acima, levanta a questão do desejo do psicanalista, que às vezes podemos deduzir da obra de um autor. É o caso aqui: "Poderia também me divertir pontuando as margens da teoria de Ferenczi com uma célebre canção de Georgius, *Je suis fils-père*."[24] Pode-se interpretar esse sintagma em função da fantasia dual e mutualista do autor. Especialmente na última parte de sua técnica, Ferenczi delirava alegremente sobre a comunicação dos inconscientes, sobre a revelação mútua de um pelo outro e vice-versa, ou seja, a supressão de qualquer dessimetria analisante-analisado. Essa fantasia exige que seja assim com o próprio Freud. Em 1926, ele propõe a Freud que o analise. Groddeck havia feito o mesmo. Pouco sensível ao sentido da hierarquia, Ferenczi não o é menos com a ordem das gerações. Vimos isso com sua fantasia filha-mãe.

Em se tratando de Freud, Ferenczi inverte completamente os papéis em 1932, soltando as rédeas de seu ódio transferencial. Freud torna-se o pelo-menos-um, pai da horda. Estamos na "castração mútua": "A idéia angustiante, que pode ser bastante forte no inconsciente, segundo a qual o pai deve morrer quando o filho crescer, explica seu medo de permitir a qualquer um de seus filhos que se torne independente. Ao mesmo tempo, isso nos mostra que Freud, enquanto filho, queria na verdade matar seu pai. Em lugar de reconhecê-lo, estabeleceu a teoria do Édipo parricida... daí o medo de se deixar analisar..."[25]

A transferência, pretensamente negativa, não é o cúmulo da transferência? Transferência passional que se intensifica no momento da ruptura. O sujeito suposto saber é elevado aqui à segunda potência pelo recurso religioso ao pai, criticado por ser tão mal acabado: "Em quaisquer circunstâncias, preciso contar com esse substituto de pai."[26]

O apaixonado despeitado tem um estilo que beira a erotomania mortificante: "Freud desempenha tão-somente o papel do velho castrador, nada quer saber do momento traumático, de sua própria castração na infância; é o único que não deve ser analisado."[27]

Sem subscrever a imputação de psicose difundida por Jones, as fronteiras da reivindicação histérica parecem todavia transpostas. Ferenczi tropeça num real, dessa vez idêntico ao impossível: pede a Freud que o cure de sua transferência.

Ferenczi atravessou sua fantasia? Quem é capaz de decidir sobre isso? Suponhamos um cartel formado em 1925. Provavelmente teria sido composto pelos membros do Comitê, pelo menos Ferenczi, claro. Isso dá exatamente cinco: Jones, Rank, Abraham, Sachs, com Eitingon (último a chegar) como mais-um. Certamente teriam solicitado a Freud que fosse êxtimo. Pensei também nos passadores: Anna Freud, Theodor Reik?

Com base exclusiva nos critérios clínicos do Édipo freudiano, eles certamente teriam concluído pela negativa. Ferenczi não superou seu lado *bad boy*, ainda menos seu complexo paterno, chegando a regressar ao estado pré-pubertário. Sua demanda infinita de gratificação tropeçou em todo reconhecimento da castração. Ingrato, nega qualquer dívida para com Freud. Epistemologicamente, escorrega no revisionismo da teoria traumática. Arrogante, faz o processo do pensamento único. É a revolta de um sectário, é também o protesto de um neurótico, convencido de que Freud não está nem aí para os efeitos terapêuticos da análise. Talvez tivesse sido salvo a título póstumo com base em alguns de seus artigos, que, segundo Freud, "fizeram de todos os analistas seus alunos".

Tenho antes tendência a me fazer advogado de Ferenczi, pois esquecemos que as críticas que lhe são feitas nessa ficção não desresponsabilizam o grupo. Ferenczi é também o produto de um efeito de grupo caracterizado pelo impensado da questão do pai. Se o Comitê está estruturado como uma horda primitiva com a expectativa da morte do pai no horizonte, Ferenczi é o sintoma disso. O mais indisciplinado dos irmãos, o mais sensível à rivalidade, era também, como admitia o próprio Jones, aquele que Freud mais amava. Não esqueçamos que depois da defecção de Rank, Freud queria fazer dele seu delfim no modelo de uma transmissão de pai para filho. Talvez essa perspectiva fosse para ele impossível de suportar. O um de exceção que ele poderia ter sido se verifica como zero no sentido da axiomática de Peano: o que vem depois de um número é um número. Zero não vem depois de nenhum número. Sem Freud, ou com Freud decadente, Ferenczi, mártir do inconsciente, não conta mais e não se contabiliza mais ele mesmo como um.

DOMINIQUE LAURENT

Retorno sobre a tese de Lacan: o futuro de Aimée

"Nossa tese é uma tese de doutrina."[1] Eis como Lacan, jovem psiquiatra, entra nos debates clínicos, terapêuticos e judiciários mais vigorosos de sua época.

Ninguém ignora que essa tese, defendida em novembro de 1932, desenvolve uma abordagem nova a partir do caso Aimée. A monografia do caso de Marguerite Pantaine, que Lacan conhecera assim que chegou ao hospital Sainte-Anne em junho de 1931, aborda os liames entre o delírio e a passagem ao ato em suas relações com a personalidade. Em "De nossos antecedentes", Lacan evoca sua tese como uma aproximação "da maquinaria da passagem ao ato e, quando mais não fosse, a nos contentarmos com o cabide da autopunição que nos estendia a criminologia berlinense".[2] A autopunição que "cura" Aimée só é realizada no *a posteriori* da passagem ao ato. O tema da autopunição inscreve-se no contexto da psiquiatria francesa e alemã.

Função da psiquiatria em criminologia e a teoria da descontinuidade

Nos anos 1920, o desenvolvimento da criminologia coloca a questão da responsabilidade penal dos criminosos cujos crimes às vezes parecem "imotivados". Os juízes interrogam o saber e a clínica dos psiquiatras. Toda resposta tem repercussões penais. Como assinala Lacan em sua tese, a atualidade médico-legal mostra o quanto a questão permanece sujeita à controvérsia nos paranóicos.[3] Em 1928 e 1931, os artigos de Guiraud e Cailleux[4] interrogam a dinâmica dos crimes imotivados e inscrevem-se no movimento iniciado por Alexander e Staub[5] em 1922 em Berlim, e prosseguido ainda em 1930 por um artigo de Alexander[6] citado por Lacan em sua tese. Marie Bonaparte, com o caso de Mme Lefebvre[7] em 1931, dá seqüência ao esforço de introduzir a psicanálise nos debates criminológicos franceses. Os trabalhos de René Laforgue e Angelo Hesnard[8] inscrevem-se nessa mesma perspectiva ao integrar as afirmações freudianas sobre o despontar do supereu e da pulsão de morte. Todos esses debates interrogam a implicação do sujeito em seus atos.

Lacan não faz economia de nenhum saber e não se poupa nenhuma abordagem. O comentário crítico das teorias do tempo e a observação clínica mais rigorosa do caso Aimée levam-no a definir, no âmbito do grupo da paranóia, um tipo clínico novo, a paranóia de autopunição, "apreendida como um todo positivo organizado, não como uma sucessão de fenômenos mentais elementares oriundos de distúrbios associativos".[9] A influência jaspersiana que orienta essa tese, demonstrada em outra ocasião por François Leguil e Jacques-Alain Miller, desemboca nas afirmações contemporâneas de Freud e seus alunos.[10]

Em 1932, a tese de Lacan mostra-se um projeto intelectual ambicioso, resolutamente em sintonia com os debates da época e que toma partido. Poderíamos dizer que essa modernidade continua sendo a nossa. Pois o que observamos atualmente? À medida que a fragmentação clínica se espalha, a passagem ao ato torna-se cada vez mais enigmática. É o que podemos comprovar nos debates, sejam sociológicos, educativos, até mesmo jurídicos, suscitados pela multiplicação de gestos assassinos emanando de crianças ou adolescentes nos Estados Unidos. Esses debates recorrem a todo tipo de argumentos para tentar compreender o que não raro parece inexplicável.

Já o saber psiquiátrico não possui nenhuma língua unificada a esse respeito. O que é unificado é a prática do medicamento. Sua dispersão no item clínico, ou seu extravio no limbo nosológico que constitui o estado-limite, verifica-se pouco operatória para apreender o que faz descontinuidade, ruptura, corte na vida de um sujeito. As línguas do geneticista, do epidemiologista e de outros ainda, por sua vez, respondem apenas em termos estatísticos. Em suma, a psicose deve ser doravante apreendida num arco tensional em que está escrita, de um lado, a fragmentação do item clínico, de outro, a unidade dramática da passagem ao ato, um não tendo mais relação alguma com o outro. Não foi isso que nos ensinaram Freud e Lacan. Freud, com Schreber, irá iluminar sob nova luz a clínica da paranóia com um sujeito que reivindica seus direitos. É também a partir da paranóia que Lacan estuda a passagem ao ato. Ele estenderá seu estudo com um texto dirigido a um público mais amplo intitulado "Motivos do crime paranóico: o crime das irmãs Papin".[11] Mais profundamente, não poderíamos dizer que o objeto da busca de Lacan, desde esse período, interroga o conceito de continuidade-descontinuidade na estrutura? A passagem ao ato é sua forma epônima. Retomemos aqui o comentário de Jacques-Alain Miller sobre esse ponto, por ocasião da discussão dessa conferência: "A tese de doutrina de Lacan é psicogênica. Ela critica a concepção francesa do processo orgânico e da descontinuidade por ela constituída na gênese da psicose. Ao fazer reagir o conceito psiquiátrico de paranóia com o de personalidade, ele toma partido pela escola personalista alemã ilustrada por Kretschmer. Com sua tese, Lacan mostra uma continuidade escandida. Mostra reviravoltas mas não a descontinuidade da irrupção de uma causa orgânica. Nesse momento de elaboração, isola momentos fecundos e fenômenos elementares na continuidade semântica. A passagem ao ato é abordada ali como descontinuidade, mas a partir da via alemã da continuidade."

Muitos outros aspectos de sua pesquisa teórica posterior dirão respeito a essa questão. Nos anos 1950, ela é apreendida com a escrita da primeira metáfora, a metáfora paterna. A teoria do surto dá conta dos efeitos de báscula no delírio que provoca a dissolução de um efeito de significação identificatória que vem a ocupar o lugar da significação fálica faltante. As modalidades de estabilização do delírio, segundo tempo dialético, integram-se na perspectiva de continuidade-descontinuidade. Para sintetizar, Lacan escolherá sempre uma teoria que deixe lugar para a descontinuidade cujo emblema é a passagem ao ato.

A segunda clínica de Lacan, tal como Jacques-Alain Miller a deduziu, cede todo seu espaço para a descontinuidade, mesmo que ela não incida mais unicamente sobre a questão do Nome-do-Pai. A pluralização do Nome-do-Pai, apreendido como sintoma, isto é, como articulação entre operação significante e gozo, aponta uma nova luz clínica sobre a psicose. A Conversação Clínica de Antibes nos fez perceber as soluções de continuidade contra um fundo de descontinuidade na psicose comum.

Sob esse aspecto, a obra de Lacan verifica-se muito mais fecunda e operatória que os impasses propostos pelos psicanalistas pós-freudianos anglo-saxões aferrados à patologia do narcisismo, herdados dos anos 1920 e alimentados por contribuições depressivas posteriores, sejam kleinianas ou jakobsonianas. O conjunto resulta num conceito frouxo centrado no distúrbio narcísico, verdadeiro *bubble-gum* conceitual, que se presta a todas as deformações possíveis para reabsorver os extravios do sujeito: a violência, a adição, a depressão, a dispersão da identidade são concentradas numa bolha que, infelizmente, estoura diretamente na ponta do nariz. Até as bolhas possuem continuidades.

A única monografia freudiana sobre a psicose é estabelecida a partir dos escritos de Schreber em 1911. A do Homem dos Lobos, escrita no final de 1914, ao cabo de quatro anos de tratamento, mostra-se complexa e se tornará o exemplo do caso inclassificável. A elaboração do caso, contemporânea da introdução do narcisismo, é a última monografia freudiana. Com sua tese, Lacan tira a luva do método freudiano aplicado à psicose. Opõe ao realismo da classificação um certo uso nominalista da monografia. Em suas "conclusões dogmáticas", insiste na fecundidade de um método de investigação que implica o estabelecimento de uma monografia psicopatológica tão exaustiva quanto possível. É um apelo feito aos psiquiatras de então que mantém uma relação distante e sucinta com as coordenadas mais íntimas do sujeito. A monografia do caso Aimée é a monografia mais exaustiva de um caso de psicose estabelecida por um psiquiatra francês. A psicanálise, ao abrir a porta da infância e da constelação familiar na apreensão psicopatológica dos casos, veio cobrir um déficit de saber do lado da psiquiatria. Mas conhecemos a decepção posterior produzida pelo saber extraído da psicanálise de crianças: a da impossibilidade de constituir uma clínica estável, tão estável quanto a clínica psiquiátrica.

Em que pé estamos agora? A monografia de Lacan é tão singular quanto a de Freud. A de Freud vai da psicanálise à psiquiatria, a de Lacan vai da psiquiatria à psicanálise. As monografias exaustivas desapareceram, o uso nominalista da vinheta clínica é praxe de agora em diante.

Propomos portanto retomar no detalhe, como convida Lacan, o caso Aimée, para tentar lê-lo a partir da armadura conceitual que ele desenvolverá em seu ensino. Embora o caso apresente algumas zonas de penumbra, Lacan soube, a partir de 1932, captar os elementos cruciais que permitem articular isso e retomá-lo de forma atual. Ele deixa muitos elementos "de reserva". Não desenvolveremos a história do caso senão para marcar melhor suas descontinuidades. Num primeiro sentido, podemos dizer que o significante "mulher de cartas/letras" atravessa toda a história de Aimée. Num segundo sentido, extrairemos a multiplicidade e a descontinuidade de seus usos. O significante não cessa de ser remanejado pelos poderes da letra, cifragem de gozo. No caso de Aimée, a carta/letra, átomo material, afeta de perto a carta que sua mãe não lê mas interpreta, como veremos. É um modo de arrebatamento da mãe que não escapou à filha.

A passagem ao ato: o corte

Em 10 de abril de 1931, Aimée aborda, na entrada dos artistas de um teatro parisiense, Huguette Duflos, atriz apreciada pelo público, que deve representar naquela noite. Após ter calmamente se assegurado da identidade desta última, agita uma faca. A atriz, ao tentar aparar o golpe, ficou contudo ferida. Rapidamente dominada, Aimée recusa-se a explicar seu ato a não ser diante de um comissário de polícia. A este explica que há muitos anos a atriz "armara um escândalo contra ela".[12] "Zomba dela e a ameaça." Um acadêmico, conhecido homem de letras, P. Benoît, está associado a essas perseguições. Este revela a vida privada do sujeito "em numerosas passagens de seus livros". Aimée, já há algum tempo, tinha a intenção de ter uma explicação com a atriz. "Ela a atacou porque a viu fugir. Teria atingido uma segunda vez se não tivesse sido dominada." Eis expostos em algumas palavras os fatos clínicos que vão atrelar Lacan ao estudo da maquinaria da passagem ao ato de Aimée. O que nos ensina ele sobre esse caso ao longo de uma investigação precisa que não deixa de comportar algumas zonas de penumbra?

A criança e o Ideal

Aimée tem trinta anos no momento dos fatos. É então funcionária na administração dos correios. Vive sozinha em Paris desde que abandonou seu marido e seu filho, seis anos antes. Oriunda de uma família camponesa da Dordogne, é a quinta filha de uma fratria de sete. Quatro irmãs a precederam. As circunstâncias de sua vinda ao mundo são particulares. Lacan fornece uma versão ligeiramente diferente dos dados biográficos posteriormente revelados. Mas o importante é salientado, ou seja, a co-relação de seu nascimento com a morte de duas irmãs. A publicação, em 1986, de *Uma pele para pensamentos*, de Didier Anzieu,[13] ergueu o véu sobre a identidade de Aimée. Ela se chama Marguerite Pantaine. Marguerite é também o prenome de uma irmã mais velha de Aimée, morta tragicamente. Aimée, ou melhor, Marguerite Pantaine, é a mãe de Didier Anzieu. O artigo de Jean Allouch,[14] publicado em 1989, revela algumas datas. Marguerite, primogênita do casal, nasce logo depois do casamento, em 1885. Em 1887 chega Élise, em 1988, Maria. Em 1890, Marguerite, a primeira filha, então com cinco anos de idade, arde como um archote dentro de um vestido de organdi, ao ter se aproximado demais da lareira. Morre das seqüelas dessas queimaduras dias depois. A família insiste muito na "emoção violenta que a mãe sofreu naquele momento". O que significa emoção violenta? A tese do dr. Lacan não diz. Sua mãe, logo depois do falecimento, engravida novamente e põe no mundo uma menininha, criança natimorta em 1891. Onze meses mais tarde, em 4 de julho de 1892, nasce uma segunda Marguerite Pantaine, quinta da fratria: é Aimée. Três irmãos virão em seguida. Observemos que a sucessão de gestações, aconteça o que acontecer, não deixa tempo para o luto.

A infância de Aimée desenrola-se entre um pai cuja "autoridade tirânica não é contestada pela família e uma mãe iletrada, muito sensível à ameaça das palavras",[15] dizem. Como prova disso, temos o episódio segundo o qual a predição, por parte de uma vizinha, da morte de um de seus animais doentes é "percebida a princípio como uma ameaça mágica, depois entendida como vontade de prejudicar". Esse delírio de feitiçaria camponesa — "essa sensibilidade", acrescenta Lacan — ocorre dez anos antes do fechamento de Aimée na sensação de ser espionada, escutada pelos vizinhos a ponto de pedir que leiam em voz baixa para ela as cartas que recebe. Em suma, trata-se de uma mãe iletrada que lê as cartas e, de maneira geral, qualquer mensagem de forma delirante. A singularidade do relato de infância de Aimée reside numa espécie de posição de exceção, "de um tratamento privilegiado" no seio da família. Ela é a única a contradizer a autoridade paterna. Essa contradição é exercida, parece, sobre certos detalhes de conduta que afetam sua toalete. Salientemos que o traço do dizer "não" ao pai já está referenciado e à espera de encontrar seu desenvolvimento com a foraclusão do Nome-do-Pai.

Os laços com a mãe são muito intensos. "O apego exclusivo" à mãe cimenta a vida de Aimée. Esse apego é partilhado. "Elas foram duas amigas",[16] dirá ela. A opacidade do laço mãe-filha verifica-se, desde a internação de Aimée, pelo fechamento num isolamento feroz da mãe, que transforma seus vizinhos diretos em responsáveis por todo o drama de sua filha.

A aproximação das datas nos permite supor que o delírio materno parece ter se tornado manifesto no momento da primeira maternidade de Aimée. A posição singular da criança na fantasia materna é objetivada no tratamento que lhe é reservado em relação às outras crianças. Ela é sua filha predileta. O pai consente nisso, até mesmo participa. Suas aptidões intelectuais comprovadas por seus resultados escolares logo geram esperanças nos pais. Designada pelos seus para ser professora, em virtude disso é objeto de concessões e privilégios, sobretudo no que diz respeito à sua toalete, de que suas irmãs não se beneficiam.

Muito "pessoal", mostrando um gosto precoce pelo devaneio, solitária por opção, ela tem, com seus jovens irmãos, relações de camaradagem "de menino",[17] e, com suas irmãs, relações diferentes. Estas exercem sobre ela uma autoridade materna. Parece que Élise, sua irmã mais velha, habituou-se a assumir as tarefas domésticas no lugar de sua irmã debilitada. Notemos que Élise deixou cedo a casa dos pais, já que aos quatorze anos partiu para trabalhar na casa de um tio, com quem se casaria cinco anos mais tarde. Quando Élise parte, Aimée tem nove anos.

Primeira criança da família a entrar na escola primária superior, seus pais, seus professores, todos a vêem destinada à carreira de professora primária. No entanto, aos dezessete anos, fracassa de forma surpreendente em seus exames e renuncia aos estudos. Surpreende sua família ao pretender "aspirar a caminhos mais livres e mais elevados".[18] Essa descontinuidade no projeto que lhe é atribuído parece ter sido contemporânea da morte de sua primeira amiga. Colega de infância, candidata como ela aos exames, morre de tuberculose. Aimée fica bastante afetada por esse luto. Lacan considera essa amiga a inspiradora da heroína feminina do primeiro romance escrito por Marguerite quase vinte anos mais tarde. Depois do fracasso, volta para a casa dos pais por um momento e decide entrar na administração dos correios, quando tem dezoito anos.

Selecionarei da infância o ideal oferecido a Aimée. Filha de uma iletrada, é orientada para o saber. A escolha familiar é professora primária. Em ruptura com essa escolha e segundo a sociologia da época, ela será "*demoiselle* dos correios". Sob essa ruptura, deduzimos a continuidade entre aquela que aprende a ler e escrever, a professora primária, e aquela que transmite as cartas, a postalista. A ligeira derrocada que faz corte em sua adesão ao ideal parental é co-relata da morte de uma amiga. Podemos deduzir daí que esta exercia função de apoio imaginário no esforço a ser despendido.

O encontro com o homem, do poeta ao postalista

Empregada numa cidade distante da casa de seus pais, fica hospedada por três meses com o tio casado com sua irmã Élise. Esses três meses lhe permitem obter sucesso no período de teste e no exame administrativo de admissão. No último mês de sua passagem por lá, encontra seu primeiro amor, "um Dom Juan de aldeola, poetastro de clã regionalista", que a encanta com seu porte romântico e sua reputação escandalosa. Raros encontros resultam na primeira relação sexual. Logo fica sabendo de seu amante que fora apenas objeto de uma aposta. Durante os três anos seguintes, e no momento em que deixou a cidadezinha onde vivia junto à irmã e seu marido, em razão de uma mudança administrativa, mantém uma correspondência secreta assídua com seu sedutor, "objeto único de seus pensamentos".[19] Mantém um vínculo platônico no envio regular de cartas. Repele todos os homens que se interessam por ela e não confia em ninguém, nem mesmo naquela que se torna sua segunda grande amiga, funcionária de escritório como ela, sua vinculação amorosa. Uma nova mudança administrativa, ao cabo desses três anos, a designa para a cidade que não mais deixará até sua primeira internação. Essa mudança é contemporânea, observa Lacan, da guinada dos sentimentos amorosos em ódio. "Passei bruscamente do amor ao ódio." Aos trinta e oito anos, dá provas de uma hostilidade ainda bem viva a respeito desse homem.[20] A mudança administrativa encobre uma mudança mais ampla cujas bases não apreendemos mas de que atestamos algumas conseqüências na reviravolta odienta.

Continuamos a seguir o trajeto da carta/letra. O homem encontrado é "homem de cartas", e é por cartas que ela mantém um vínculo singular com ele. Lacan dá como início do delírio a época da primeira gravidez. Evoca porém o caráter "erotomaníaco" do vínculo com o poeta. Não podemos levantar aqui a hipótese de um verdadeiro surto nesse encontro com o homem? Ele se comprovaria pelo desenvolvimento posterior da erotomania acerca da qual temos o depoimento de Aimée, muitos anos depois do início do delírio.

A nova afetação logo se combina com uma nova amizade. Essa amizade apaixonada por uma colega, postalista como ela, é central durante quatro anos. Essa amiga aristocrata, obrigada a se rebaixar trabalhando para sobreviver, intrigante refinada sob o termo "kretschmeriano", "exerce um prestígio intelectual e moral sobre o mundinho de funcionários de escritório no qual ela evolui. Dirigindo as opiniões, governando os lazeres, ela exerce uma autoridade sólida pelo rigorismo de suas atitudes".[21] É por ela que Aimée ouve falar pela primeira vez de Huguette Duflos e Sarah Bernhardt, que se tornarão mais tarde perseguidoras primordiais. A primeira teria sido vizinha de porta de uma das tias da amiga, a segunda teria conhecido a mãe desta última num convento. Essa amizade feminina contrasta com o estilo de relação conflituosa que Aimée mantém com suas outras colegas. Em desacordo com elas acerca de tudo, despreza suas preocupações, sonha alcançar um mundo superior. Diz para sua amiga que se "sente masculina", muito afastada desse mundo feminino. Suas relações com os homens, nesse período qualificado por ela como "acesso de dissipação",[22] manifestam-se por uma série de aventuras dissimuladas para seu círculo. Consegue dar conta delas de maneira singular: procederiam do "sentimento de uma afinidade psíquica com o homem bem diferente da necessidade sexual".[23] Não se trata de experiência amorosa ou sexual o que a deixa indiferente, mas de "uma curiosidade pela alma masculina", pela qual sente grande atração.

Detenhamo-nos nesse momento masculino no percurso de Aimée. Não é uma identificação histérica. A alma masculina não é um mistério para a histérica, doutora em saber o que desejam os homens. Para Aimée, o homem é um mistério. Ela busca identificar-se com a alma que define o homem. Porém atesta, nessa busca, a ausência da significação fálica para ela. O distúrbio da identificação sexual depende disso. A relação apaixonada com a amiga inscreve-se no mesmo registro que o do vínculo com a irmã e depois com a amiga de escola. Trata-se no caso do eixo imaginário e do eu ideal.

Depois de uma série de encontros frustrados com os homens, encontros animados por sonhos ambiciosos que a amiga não modera, Aimée decide se casar. Sua escolha se detém num colega pertencente ao círculo restrito de seu escritório. Casa-se numa "atmosfera turva", observa Lacan. A uma família que lhe desaconselha o casamento com quem quer que seja, ela opõe uma decisão numa tirada que se exprime assim: "Se não agarrar ele, um outro vai me agarrar."[24] Essa fórmula permanece enigmática, está em ruptura com o discurso amoroso para seu primeiro amor. Observemos a posição hierárquica mais elevada do marido. O casamento parece o instrumento de sua ambição. A influência da amiga manifesta-se por um tempo nas sugestões suntuárias que consegue, via Aimée, impor aos noivos. Essa influência cessa brutalmente pelo acaso de uma transferência administrativa desta última. Poderíamos afirmar que Aimée passa do homem de letras que foi seu primeiro amor para a escolha do postalista. Poderíamos acrescentar que o casamento parece não ter sido senão a tentativa de se ajustar pela imagem da amiga. O casamento logo se mostra problemático. O desentendimento se instala. Gostos e interesses não partilhados se manifestam, seguidos de rasgos de ciúme que assumirão alguns anos mais tarde um estilo nitidamente delirante. As relações sexuais a deixam indiferente. Aimée isola-se em mutismos que duram semanas e fecha-se na leitura.

Enquanto para ele é bem difícil livrar-se de uma ocupação, ela pode, num impulso brusco e enigmático, fazer caminhadas e corridas. Seu marido descreve "risos imotivados e intempestivos" e acessos de "fobias de sujeira" arrastando-a numa lavagem interminável das mãos.

Esses fenômenos clínicos deixam supor uma atividade delirante por baixo dos panos. As "fobias" de sujeira parecem ligadas à atividade sexual suportada com dificuldade, mas o ritual nada tem de neurótico.

Oito meses depois de seu casamento, a irmã que a recebera alguns anos antes vem morar sob o teto conjugal. Viúva e sem filhos, traz para Aimée o apoio de seu "devotamento, de sua experiência, do conselho de sua autoridade e uma enorme necessidade de compensação afetiva". Lacan observa que a intrusão da irmã foi seguida de seu confisco da direção prática do lar.[25] Aimée sente a situação como "uma humilhação moral". Os atos, as palavras, as atitudes de sua irmã são para ela como recriminações cruéis. "Ela está dominada por aquela que representa a própria imagem do ser que ela é, impotente para realizar, assim como fora a amiga, a intrigante refinada."[26] É uma imagem da tensão com a outra que a acompanha desde sempre sobre o eixo imaginário. Na época, Lacan liga essas mulheres ao Ideal do eu, confundido então com o supereu.

Aimée sempre mostrou-se grata, em fórmulas hiperbólicas mas num tom gelado, às bondades da irmã. Sua "ambivalência", não obstante revelada por Lacan, mostra-se no retrato que ela faz de sua irmã: "Autoritária demais ... Sempre contra mim."[27] Da mesma maneira, admitirá que nunca "suportou os direitos assumidos por sua irmã na educação do filho", que nascerá alguns anos mais tarde. Assim, como observa Lacan, as recriminações a respeito de sua irmã, cujo essencial será o de lhe ter arrebatado o filho, são rigorosamente negadas. Ela valoriza esse ponto chegando a fazer do delírio uma tentativa de afastar qualquer recriminação contra a irmã, transferindo para outras o motivo de sua queixa. Observemos contudo que esse casamento, inaugurado sob premissas bem pouco favoráveis, encontra um relativo ponto de apoio na presença fraterna para durar e resultar na concepção de um filho.

A passagem da mulher à mãe

Evidentemente, essas maternidades vindouras causam algumas preocupações. Aimée de fato descreve laços com seu marido cada vez mais frouxos e problemáticos, dando-se conta de não ser mais nada para ele e achando que ele seria mais feliz com outra. Em 1921, quatro anos depois de seu casamento, Aimée, aos vinte e oito anos, está grávida. É aí que começam os distúrbios psicopatológicos para Lacan. Manifestações persecutórias aparecem pela primeira vez. Seus colegas "criticam suas ações de forma grosseira, caluniam sua conduta e anunciam-lhe desgraças". Murmuram contra ela na rua, mostram-lhe desprezo, o ciúme referente a seu marido dá lugar agora a acusações precisas e delirantes. A tanta hostilidade encontrada impõe-se uma significação: "Eles querem a morte de seu filho." Pesadelos invadem suas noites, colocando em cena a morte da criança. Eles se abastecem ao despertar, e durante várias horas, com a crença na realização do conteúdo dos sonhos. Observemos que seu marido parece imediatamente incluído na constelação daqueles que a ameaçam. Estamos bem distantes da fantasia neurótica freudiana "uma criança é espancada" deduzida de um relatório ao pai que integra a castração e do qual a metáfora paterna pode dar conta. Aqui a criança que ela carrega realiza o objeto *a*. O Outro é real e quer gozar do sujeito. Passagens ao ato violentas vêm comprovar isso.

Ela desfere no marido, à noite, uma garrafada na cabeça e, em outra ocasião, um golpe com ferro de passar. Por sua vez, um colega verá os pneus de sua bicicleta furados a facadas. Seus colegas, aqueles que trabalham no mesmo ministério, demonstram ser parte integrante da perseguição. Aimée põe no mundo uma criança natimorta. É uma menininha. Esse golpe fatal da sorte, que acompanha a emancipação da maternidade, faz eco, de forma singular, às premissas de sua vinda ao mundo, escandida pela morte de um filho. No entanto, o delírio já está surtado desde antes do nascimento da criança. Poderíamos dizer que a convocação do significante pai pela maternidade basta sozinho para mobilizar a significação mortal. Antes da gravidez, na relação homem-mulher, a elisão do significante fálico é combinada com um certo estofamento [*capitonnage*] do sentido e de uma cifragem do gozo. Decerto o homem parece enigmático para Aimée. "Sua alma" lhe escapa, mas ela consegue designar-lhe um lugar particular, a fornecer uma versão dela, a do detentor de uma habilidade com as cartas/letras. Essa inscrição parece funcionar como uma relativa estabilização. Não se trata de uma escrita da relação que não se escreve, mas de um novelo. Como observava J.-A. Miller em seu seminário "Causa e consentimento",[28] se por um lado o complexo de Édipo escreve a relação pai-mãe, por outro não escreve a relação sexual. Nada resta portanto senão a significação fálica ou um substituto desta para escrever A/G (barrado). Levantamos a hipótese de que ser o objeto de um detentor da habilidade com as cartas advém-lhe em equivalência com a significação fálica. Com efeito, o que falta às mulheres, e em primeiro lugar à mãe, é a letra. Aimée só escolhe homens na medida em que eles têm o que as mulheres não têm. A prótese de significação fálica move-se sobre o mínimo e máximo de presença da letra. Um modo de *bricolage* ainda é possível.

Se a relação entre os sexos não se escreve, aquela que deve se escrever é a relação pai-mãe. Para Aimée, isso se verifica impossível. A ruptura de significação é total, indo até o limite da linguagem "o ser para a morte". Tudo vacila, de fato, quando o significante da paternidade é convocado. A certeza delirante de ameaça de morte sobre o filho é co-relata da única significação identificatória que ela pode atribuir ao filho. Não se trata da equivalência "filho-falo", mas "filho-morto". Lacan privilegiou, ao lado da equação freudiana "filho-falo", a equivalência "filho-objeto". Na "Nota sobre a criança", como comentou Éric Laurent,[29] ele apresenta a criança como algo completamente diferente do falo. Para as mulheres, "o filho é o objeto de sua existência que aparece no real", isto é, é o objeto de gozo que aparece no real. É um objeto quase perverso, parceiro real de gozo.

Poderíamos dizer que o significante "mãe" para ela é acompanhado de uma significação que se desvelará por ocasião da segunda maternidade. Ela aparece nas seguintes afirmações: "Alguns constroem estábulos para melhor me tomarem por uma vaca leiteira."[30] "Vaca" aparecerá por duas vezes nesse período num insulto alucinatório. Isso não ocorre sem fazer eco à fecundidade ininterrupta da mãe durante anos e a lembrança que coloca em cena esta e um de seus animais doentes. Lacan, com a alucinação "porca", mostrou que nenhum "eu" proferiria "porca", mas sim o objeto de gozo que voltava do salsicheiro. Nesse caso, não poderíamos dizer que o objeto de gozo, Aimée, sai do estábulo?

A morte de sua filha comprova na realidade a certeza delirante. Ela concentra toda a responsabilidade dessa morte naquela que foi sua melhor amiga até o casamento. Um telefonema desta última pouco depois do parto cristaliza a perseguição. Aimée permanece hostil, muda, fechada durante longos dias e cessa toda prática religiosa.

Um ano mais tarde, está novamente grávida. A maternidade é acompanhada de fenômenos e temas delirantes análogos àqueles da primeira vez. Ela põe no mundo um filho, a quem se dedica com ardor apaixonado. Se por um lado seus cuidados parecem oportunos e satisfatórios para todos, contudo ela manifesta uma vigilância feroz e bruscos abraços em cima da criança. Ocupa-se dela exclusivamente até os cinco meses. Irá amamentá-la até quatorze meses, data em que será pela primeira vez internada. Esse pós-parto é marcado por uma acentuação progressiva das interpretações delirantes que convergem para uma significação: "todos ameaçam meu filho". Mostra-se hostil, briguenta, multiplica os incidentes e os escândalos com os vizinhos, os motoristas etc. Quanto a ela, é objeto de injúrias grosseiras, de acusações de vícios extraordinários. Toda a cidade está a par de sua conduta, que é considerada "depravada". Seu círculo fala as piores coisas sobre ela. No clímax delirante, quer levar o caso à justiça. Demite-se da administração que a emprega à revelia de seu marido, solicita um passaporte para os Estados Unidos, cometendo uma falsificação, para lá se tornar romancista. A decisão de deixar o ministério mostra que não existem mais muralhas, o apelo ao mundo literário se esboça. O ideal sempre foi alojado por ela num universo de discurso: a escola, o ministério. Este será agora a Academia — o que não vai funcionar. Admite que abandonou o filho, confissão que provoca apenas um constrangimento passageiro. No entanto, foi por seu filho que se lançou na empreitada. Lacan observa que as grandes reações interpretativas, acompanhadas de escândalos, multiplicam-se a partir do momento em que a irmã mais velha impõe sua orientação para educar a criança, isto é, no momento em que um terceiro se introduz na relação. Élise, que é madrinha, decide tomar a seu cargo o filho de Aimée, diante do agravamento dos distúrbios dela. É capaz, com efeito, tanto de empanturrar a criança até fazê-la vomitar como se esquecer de alimentá-la. "Para evitar-lhe qualquer contato com o ar livre, ela o cobre com diversas camadas a ponto de ele ter a impressão, na idade adulta, de ter sido sufocado como um cerne de cebola sob inumeráveis peles."[31] *O eu-pele* não encontra aí obscuros fundamentos? Élise encontra finalmente uma compensação para a impossível realização de seu desejo de maternidade, compensação que confia explicitamente ao dr. Lacan. Apesar das súplicas de sua irmã e de seu marido, Aimée recusa-se a abandonar seu projeto de partida. A família decide então interná-la na clínica de Épinay. Sua internação comprova a certeza delirante: está arrancando o filho dela.

Durante sua hospitalização, Aimée dirige-se numa carta a um escritor conhecido, mas que não é Benoît, com quem parece preocupada de uns tempos para cá, para lhe pedir ajuda. O homem de letras célebre encarna, nessa primeira fase, um personagem benevolente. O apelo ao mundo literário, como garantia, verifica-se pela solicitação epistolar. Logo ele se mostra caduco, pois torna-se também perseguidor.

Livre da clínica a pedido da família, depois de algum repouso no seio desta, irá se recusar a voltar ao domicílio conjugal. Pedirá sua transferência administrativa e deixará seu filho aos cuidados de sua irmã e de seu marido. Em Paris, isola-se progressivamente numa estranha maneira de viver. De um lado, o universo cotidiano de seu emprego de postalista no qual dá mostras de um zelo excessivo e de uma adaptação por muito tempo preservada; de outro, lazeres sempre ocupados na retomada de estudos que a levarão a se apresentar três vezes para o exame do *baccaleauréat*. O trabalho intenso nos correios, e para ser sucinto, na escola, comporta uma lógica desesperada de apoio. Isola-se cada vez mais, mas todas as semanas visita seu filho, ao menos nos primeiros meses. Com o correr do tempo, suas visitas rareiam, e, sob certas circunstâncias, a saúde do filho a deixa indiferente. É em Paris que o delírio se organiza e desdobra.

De fato, desde o primeiro ano de sua temporada em Paris, dois personagens se tornam centrais: a atriz Mme D. e o homem de letras P.B., a atriz aparecendo na tela como a intérprete de um romance deste último. Mme D., de quem ouvira falar por sua amiga aristocrata muitos anos antes, ocupa então os jornais num processo retumbante, tornando-se uma perseguidora importante pela ameaça constante que exerce sobre a vida de seu filho. Essa ameaça vital que incide sobre o objeto mais querido constitui uma "vingança" exercida sobre a mãe. O que Aimée fez então? Ela "mal falou dela no escritório ... dizendo que era uma puta".[32] Nem todas as interpretações concernem à atriz, mas grande número se refere a ela. Surgem da leitura de jornais, de cartazes, da visão de fotografias. Tudo converge para uma significação única, a ameaça de morte que pesa sobre seu filho. Vão assim se vingar das maledicências que ela proferiu, mas também puni-la por "todas as suas faltas", todas as suas tolices.

Aimée enuncia, sem captar o alcance disso, a potencialidade criminosa de seu delírio materno: "Eu temia, diz ela, muito pela vida de meu filho, se lhe acontecesse uma desgraça agora, seria mais tarde por minha causa. Eu seria uma mãe criminosa."[33] Desvela-se assim, por trás das exações delirantes imputadas à atriz, a mãe criminosa. Não é este o processo fundamental no qual está inscrita a relação de Aimée com o Outro, reduzido exclusivamente à vontade de gozo em sua dimensão mortífera? Esse processo apóia-se nas próprias coordenadas do nascimento de Aimée, ligadas à morte de uma irmã cujo prenome ela carrega. Desenvolve-se na relação que ela mantém com seu próprio filho. Lacan mostrou, com Medéia, como esta pode atingir seus filhos. Ela o faz a partir do momento em que estes não têm mais valor fálico e se tornam objeto para ela. O extremo do gozo feminino em suas conseqüências permitiu a Lacan dizer que "todas as mulheres são loucas". Numa nota de sua tese, evoca, numa intuição espantosa, "a perversão do instinto materno e pulsão ao assassinato".[34] Esta poderia explicar "a organização centrífuga do delírio sobre a criança, o que faz a atipia do caso". O comportamento delirante poderia então ser compreendido como "uma fuga para longe do filho" e a cura como ligada à realização da perda de seu filho num processo de autopunição. Essa nota prenuncia desenvolvimentos futuros.

A atriz não é a única perseguidora. Dublês aparecem, como observa Lacan: Sarah Bernhardt, Colette. Elas também constituem a versão do arquétipo da mulher célebre, adulada pelo público, vivendo no luxo, representada por Mme Duflos.

A vedete ou as pessoas de letras

Aimée dá seqüência ao processo em numerosos escritos dessas vidas às quais imputa artifício e corrupção. Um ano e meio antes de sua passagem ao ato, ela assedia em várias ocasiões o escritório de um jornalista comunista para obter a publicação de um artigo delirante visando Colette.

O outro perseguidor, o homem de letras P.B., está na cena da perseguição desde sua saída do hospital. Ela obtém em seu primeiro ano de sua temporada em Paris uma entrevista com ele a fim de "acusá-lo de falar mal dela e pedir-lhe explicações".[35] Marguerite há tempos é uma grande leitora de romances. Acompanha atentamente os autores de sucesso. A celebridade literária lhe parece conferir imenso poder. A revelação desse perseguidor se produz "como um ricochete em sua imaginação". A atriz, de fato, não lhe "parece capaz de causar tanto mal sozinha, sem apoio de alguém importante". O romancista e a atriz "estão unidos por" laços indiscerníveis, "não são amantes, mas fazem como se fossem".[36] O enigma da relação sexual resolve-se numa vontade de gozo perversa partilhada que a visa. A particularidade do caso esclarece a problemática esboçada por Freud. Em "Comunicação de um caso de paranóia que contraria a teoria psicanalítica",[37] ele demonstra que uma mulher paranóica perseguida por um homem, na verdade, está sendo perseguida por uma mulher. Aqui, temos um verdadeiro casal comprovado até pelos dublês. É o enigma da relação sexual que é, falando propriamente, persecutório, ou, para ser mais preciso, é o gozo feminino que é persecutório.

O romancista "arma escândalos contra ela, em conluio com as atrizes".[38] Desvela a vida privada do sujeito em numerosas passagens de seus livros. Ela se reconhece sob múltiplos traços da heroína de um de seus romances. Observemos que um deles é identificado "com aquela de quem se roubaram as cartas". O perseguidor tem, ele também, dublês, representados por jornalistas cujos artigos comportam alusões e ameaças. No auge do delírio, "todos os artistas, poetas, jornalistas, [pessoas de letras] são odiados coletivamente e considerados responsáveis pela desgraça da sociedade". "Constituem uma laia, uma raça." Para se "proporcionarem um pouco de glória e prazer, não hesitam em provocar, por fanfarronice, o assassinato, a guerra, a corrupção dos costumes".[39] Em suma, o Outro, real, identificado sob o significante "pessoas de letras", fundamentalmente enganador, está disposto a tudo para gozar do sujeito.

O futuro do delírio orienta-se numa temática de redenção. Ela invectiva "a crueldade das grandes pessoas, a indiferença das mães frívolas". Sente-se chamada a reprimir esse estado de coisas para realizar o regime do bem, "a fraternidade entre os povos e as raças". "O reino das crianças e das mulheres deveria advir, lá a maldade não teria vez." Na aurora dessa nova humanidade, não existe nem homem, nem pai. O detalhe das roupas brancas que cobrem as mulheres e as crianças faz eco a Schreber, "à beatitude ... das almas falecidas".[40]

Aimée sente-se destinada a exercer uma influência decisiva sobre os governos e as reformas que devem empreender. Essa influência seria exercida por algumas pregações. "Eu tinha me dedicado a um ideal, uma espécie de apostolado, ao amor do gênero humano ao qual subordino tudo",[41] o que a leva a "se destacar ou desdenhar dos vínculos terrenos".

Esse apostolado entra em combinação com a redação de romances. Nos oito meses que precedem a passagem ao ato, eles são escritos com o sentimento de sua missão e da ameaça, cada vez mais acentuada e iminente, contra o filho. "Uma carreira de mulher de letras lhe estava reservada."[42] Pensa então também na ciência. Para fazer seus inimigos recuar, seus livros devem ser publicados. Envia-os com esse fim a vários editores. Mas seus perseguidores plagiam seus romances ainda não editados e seus escritos íntimos. Cinco meses antes do atentado, ela salta na garganta de uma funcionária de uma editora que vem lhe entregar uma resposta negativa. Ao ferir bastante gravemente a funcionária, é obrigada a pagar uma multa. Justificará essa dívida junto à família com danos por ocasião de um incêndio acidental. O incêndio não nos surpreende.

O paranóico "mestre das palavras" e a mulher de letras

Aimée é de agora em diante "mulher de letras", romancista, às voltas com a nova certeza identificatória de seu ser, isto é, identificada com o que falta à mãe, com o que é para ela o x de seu desejo. Mas nem por isso é reconhecida como tal, e é o que precipitará a sucessão das passagens ao ato *finais*. O esforço da construção significante verifica-se caduca para cifrar o gozo do Outro. Não lhe restará senão o recurso a passagem ao ato para barrá-lo. Foi o que Lacan nos ensinou. A assunção da identificação delirante de ser romancista está inscrita desde o início do delírio. Mostramos porém como o ideal do eu de Aimée, a mulher de letras, presa nas significações sucessivas da professorinha, depois da postalista, sustentava seu ser. O encontro difícil com o homem se realizou, como sugerimos, sob os auspícios das cartas/letras. Aimée escreve também há muito tempo: diário íntimo, cartas, artigos. Os dois romances do fim colocam em cena os personagens significantes da loucura de Marguerite. Aimée é o prenome da heroína do primeiro romance. Sem entrar na temática desenvolvida que segue o fio do delírio, poderíamos salientar a intuição fascinante de Lacan referente à função da escrita em Aimée: "Seu gosto pelo escrito, disse ele, esse gozo quase sensível proporcionado pelas palavras de sua língua, esse caráter de necessidade pessoal de que nela se reveste a obra literária são apreendidos como o testemunho das virtualidades, das criações que a psicose produz."[43] Manifesta com isso "sua oposição à posição de princípio que quer apreender a psicose como fenômeno de déficit". Capta para além do que representa a identificação delirante em sua dimensão de criação, rica de promessa, a ligação com o gozo da língua. Observa também sua ausência de estofo para fazer sentido. Ela utiliza palavras extraídas de um dicionário explorado ao acaso, "palavras que a seduziram por seu valor sonoro e sugestivo e sem que a isso sempre se junte um discernimento lúcido de seu valor lingüístico ou de seu alcance significativo".[44]

Aimée é "apaixonada pelas palavras", como diz. Seu gosto pelas palavras raras comprova isso. Seus romances derivam de um trabalho de "marcenaria verbal". O termo, "sua língua", é rico de desenvolvimentos que podemos acompanhar desde a língua fundamental até o gozo do estrépito da língua joyciana.

O apelo ao Rei e a urgência

Os dois romances são dedicados e enviados ao príncipe de Gales. A irrupção tardia desse personagem é apreendida por Lacan sob os traços de uma erotomania, marcada por um platonismo puro. Aimée não se dirige ao príncipe de Gales a não ser por escritos. Estes serão, num dado momento, enviados e assinados.

Lacan põe essa relação em série com seu primeiro amor, pela fidelidade, a renúncia sem esperança e o estilo platônico do apego. Poderíamos acrescentar que o primeiro amor é também marcado com o selo do escrito pela própria atividade do poeta, bem como pela correspondência dos três anos. É fascinante observar como o laço amoroso alimenta-se exclusivamente de uma referência ao escrito. Mas trata-se de um encontro da mesma ordem? Não será antes um apelo erotomaníaco a um significante-mestre que viria garantir a nova ordem do mundo na qual sua missão deve se realizar? O literato célebre representa, sob esse aspecto, a mesma tentativa.

Aimée dá uma indicação, em seu romance, sobre a escolha de seu objeto. "Os poetas são ao contrário dos Reis. Estes amam o povo, aqueles amam a glória e são inimigos da felicidade do gênero humano."[45]

Ela vê nesse personagem do príncipe de Gales uma autoridade benéfica que ela associa a suas preocupações sociais e políticas. É a ele que, no final, ela dirige um último recurso. Ele não garantirá nada e portanto não permitirá estabilizar o que poderia ter sido a metáfora delirante "eu sou uma mulher de letras". A passagem ao ato final atesta isso. A escolha do significante-mestre "príncipe de Gales" poderia, é uma hipótese, ter um elo com as cartas/letras de nobreza. A evolução do delírio teria muito certamente incluído o príncipe de Gales, dublê da rainha da Inglaterra, na série dos perseguidores.

Esse esforço desesperado de criação significante para se proteger do gozo mortífero do Outro leva Aimée a um "apostolado" que a arrasta a estranhos procedimentos. Acha que tem que "ir aos homens" para contagiá-los com seu entusiasmo. Não vemos, nessa missão que a levou a salvar a humanidade acompanhada do príncipe de Gales, um esboço do empuxo-à-mulher [*pousse-à-la-femme*] que Lacan teorizará a partir das fórmulas da sexuação: ser a mulher de letras que falta no mundo, como um Nome-do-Pai, para cifrar o gozo do Outro?

O gozo cada vez mais ameaçador do Outro leva Aimée a não mais abandonar seu filho sobre quem a ameaça é exercida de forma iminente. Embora ainda consiga trabalhar, Aimée manifesta-se junto a seus colegas de maneira injuriosa, registra queixas de calúnia etc. Quer se divorciar e ficar com o filho. Sente-se disposta a matar seu marido caso não consiga isso. A temporalidade da passagem ao ato, tal como desvelada na tese, mostra sua inscrição temporal sobre o modo da urgência. A urgência começa a ser formulada com "a idéia de que é preciso fazer alguma coisa". A compra de uma faca no mês que precede a agressão, a procura do endereço de Mme D. na lista telefônica vêm comprovar isso. A idéia de ver sua inimiga cara a cara se impõe, "ter uma explicação com ela". "O que pensará ela de mim; se eu não aparecer para defender meu filho, eu seria uma mãe covarde."[46] Ao mesmo tempo, a ameaça de morte sobre o marido continua a pairar. A família preocupa-se com o marido mas também com o filho. A precipitação do ato mostra um sujeito cortado de seus pensamentos. Uma hora antes da agressão, Aimée não sabe ainda que vai encontrar a atriz. Está se arrumando na verdade para ir para junto de seu filho. Não haverá explicação com ela. Ao "vê-la fugir" depois de ter se certificado de sua identidade, Aimée a golpeia. Dirá mais tarde que naquele momento "poderia ter golpeado qualquer um de seus perseguidores se pudesse fazê-lo ou se o tivesse encontrado por acaso". Depois da agressão fica bastante estênica e agressiva, sustentando suas afirmações delirantes junto àqueles que a interrogam. Na prisão, conta longamente seu delírio a suas companheiras. Depois de oito dias de encarceramento, escreve ao príncipe de Gales para lhe dizer que "as pessoas de letras faziam coisas graves".[47] No décimo quinto dia, escreve, dessa vez ao médico perito, para lhe pedir que retificasse a opinião dos jornalistas referentes a ela. Tratá-la de "neurastênica" pode de fato prejudicar sua carreira futura de "mulher de letras e de ciência". No vigésimo dia, "põe-se a chorar e a dizer a suas colegas de detenção que a atriz não queria nada com ela... Que não deveria ter-lhe causado medo". "Pasmas", suas colegas vão advertir a superiora das religiosas, que a manda então para a enfermaria. Observemos que ela deixará todos esses elementos em cartas dirigidas ao dr. Lacan. Aimée é internada um mês mais tarde por meio de um relatório de perícia médico-legal inicial.

A cura ou o futuro do delírio

Na sua tese, Lacan constata que os temas do delírio em seu conjunto e as queixas de Aimée referentes à sua vítima são completamente reduzidos. "Como pude acreditar nisso?",[48] diz ela. Sente certa vergonha dos temas delirantes que a levaram a escritos grosseiros ou a ações repreensíveis. Esses procedimentos erotomaníacos e megalomaníacos lhe parecem ridículos. Ela lamentará certas atitudes. Lacan observa, no entanto, o tom frio com o qual são manifestados. Da mesma maneira, observa uma reticência inicial que a põe em relação com a angústia de seu futuro. Salienta que, embora os temas do delírio não acarretem a adesão intelectual, as preocupações referentes à criança permanecem centrais. "Fiz isso porque queriam matar meu filho",[49] diz ela por ocasião de um exame feito por "uma autoridade médica superior". Durante um exame efetuado em presença de um público numeroso, invoca "a simpatia devida a uma mãe que defende seu filho". Teme agora o divórcio, tão almejado antes. Ele seria pronunciado contra ela e resultaria em sua separação do filho. Lacan observa a manutenção dessa cura durante o curso de sua observação, ou seja, um ano e meio, quando a verá diariamente. A apreciação clínica de "curas" que Lacan sustenta e de que faz teoria não é forçada. Claro, ele percebe, nas entrelinhas, a preocupação central representada pelo filho. Nota a certeza e a permanência do axioma "querem matar meu filho", mas constata a insuflação dos temas delirantes conexos, comprovada pelos dizeres da paciente e seu comportamento. Essa cura representa para o sujeito, diz ele, "a libertação de uma concepção de si mesmo e do mundo cuja ilusão se devia a pulsões desconhecidas, e essa libertação se consuma como um choque com a realidade". O choque com a realidade é apreendido por Lacan enquanto encontro com a conseqüência do que o sujeito fez. Mediante o golpe que a torna culpada perante a lei, Aimée golpeia a si própria. Quando compreende isso, "experimenta então a satisfação do desejo consumado". A descontinuidade que constitui a passagem ao ato no desenvolvimento delirante e a própria vida de Aimée são a pedra angular a partir da qual Lacan elabora sua tese da autopunição. No entanto, essa tese, em sua essência jaspersiana pela abordagem do delírio a partir do desenvolvimento da personalidade, introduz um princípio de continuidade.

A queda do delírio, que Lacan justifica pelo apaziguamento das tendências autopunitivas do sujeito permitido pelo Outro da lei, pode ser lida diferentemente com o aporte conceitual posterior. A paranóia, como identificação do gozo com o lugar do Outro, é o fracasso da metáfora A/G (barrada). O Outro é real, é identificado ao gozo. A passagem ao ato consiste assim em obter uma diferença significante. É um esforço de significantização do gozo, diz J.-A. Miller.

Cabe constatar que, depois da passagem ao ato, a vida de Aimée desenrolou-se sem exaltações particulares. Encorajada por Lacan a retomar sua atividade de criação, ela espera sua saída do hospital para realizar projetos literários abundantes: "O que não escreveria agora se estivesse livre e se tivesse livros!"[50] Agora ela se ocupa da biblioteca e se dedica exclusivamente a trabalhos de agulha e linha com que inunda o serviço. Qual é o objeto delirante assim produzido? Seria o vestido de organdi, mortalha do filho cuja morte designaria a separação?

Lacan lê os romances de Aimée, publica-os em parte em sua tese e obtém dela numerosos outros escritos. Ao tornar-se depositário, torna-se de certa forma destinatário e editor desses escritos. Aimée saberá por Lacan sobre seu trabalho de tese, tese que ela não lerá. Sua publicação em 1933 torna Aimée uma "celebridade" de um dia para outro. A despeito de os editores terem se recusado a publicá-la, ela se vê, pelo viés de Lacan, conhecida pela vanguarda intelectual por trás de um prenome, o da heroína de seu primeiro romance. Aimée fez nome com um prenome. Gerações de estudantes trabalharam sobre a tese que Lacan lhe dedicou.

Depois de ter sido hospitalizada no Sainte-Anne, Aimée é transferida para Ville-Évrard, onde é considerada "desequilibrada constitutiva" por médicos que ignoravam que seu caso fora objeto de uma tese resolutamente anticonstitucionalista. Em 1941, querendo sair do hospital, pede uma nova audiência de perícia. Em 21 de julho de 1943, o dr. Chanes, que leu a tese de Lacan, concede-lhe a liberdade. Follin, que é então seu assistente, no momento de examiná-la: "Ela estava muito calma e costurava. Não falava nunca do passado e não evoca o fato que a transformara no caso Aimée. Continuava acreditando nas perseguições." Depois de ter sido acolhida no campo por sua segunda irmã em sua saída do hospital, durante toda a guerra, torna-se depois governanta e cozinheira de uma família franco-americana que não suspeitará em momento algum de seu passado ou do menor sinal de loucura.[51] Permanecerá nessa família até 1951. Nessa data, é contratada pelo pai de Jacques Lacan como cozinheira, emprego em que fica por dois anos. Estranha coincidência, cuja dimensão transferencial não podemos subestimar, vinte anos depois. Ela tem oportunidade de rever seu antigo psiquiatra, a quem reivindica seus manuscritos, em vão. Seus escritos continuam uma preocupação importante. Constituem, como nos informa Élisabeth Roudinesco, uma atividade ininterrupta. Mas ela parece escrever agora sob a influência de uma inspiração religiosa. No final de sua vida, planeja escrever um poema sobre as mulheres da Bíblia. Durante esses anos, parece ter atravessado crises místicas não desprovidas de sentimentos persecutórios. A reviravolta delirante mística parece ter se esboçado depois de sua saída do hospital. Participa de numerosas atividades de caridade. "Continua a se interessar por todas as formas ... Quer aprender tudo, conhecer tudo, ler tudo." Tudo indica finalmente que não reviu mais seu filho durante quase vinte anos. Nunca mais foi hospitalizada e não cometeu mais nenhum ato violento. Poderíamos dizer que a passagem ao ato operou um certo modo de separação dela com o filho como objeto de gozo. A redução do "delírio centrífugo sobre o filho", observada por Lacan, comprova isso. Poderíamos escrever a estrutura final do delírio segundo as quatro assímptotas do esquema I[52] que seriam aqui: em M, o apelo a Deus; em i, a função da escrita como prática de gozo; em m, o futuro da criatura, a governanta-cozinheira que não deixa nada queimar; em I, a mulher de letras em que se mantém o criado, que tem como projeto escrever um poema sobre as mulheres da Bíblia, isto é, redigir o relatório das mulheres para Deus.

O filho de Aimée, Didier Anzieu, o psicanalista que conhecemos, depois de ter sonhado em se tornar ator depois escritor, entrou na École Normale Supérieure e fez o curso de filosofia. Em 1949, dois anos depois de seu casamento, começou uma análise com o dr. Lacan. Durante esses anos, retomou contato com sua mãe, que já estava trabalhando para Alfred Lacan. Ficou sabendo por sua mãe que era a Aimée da tese e que trabalhava na família de Lacan. Anzieu leu a tese e foi interrogar Lacan a respeito. Mas essa é uma outra história. A tese vem então inscrever-se de múltiplas formas na história da psicanálise.

MONIQUE AMIRAULT

Gaston Chaissac, um *bricoleur* de real

"Tarefa fácil e grande seleção de idéias contraditórias."[1]

"Em lugar de me apresentar como um verdadeiro artesão, ou sobretudo como um empregado que se ocupava das estrebarias, você faria melhor captando meu canto, minha despreocupação, meu primitivismo ... Você poderia falar sobretudo de minha sem-cerimônia como missivista notório, sem-cerimônia que nada tem a ver nem mesmo com uma selaria fedendo a estrebaria, mas sim com tudo da estrebaria."[2]

Depois de muito tempo à espera de ser reconhecida, a obra de Gaston Chaissac viaja pelo mundo. Com uma freqüência cada vez maior, sua qualidade de escritor é aliada à de pintor. *Gaston Chaissac, pintor, missivista e poeta*: assim ele é apresentado em setembro de 2000 na Galeria Messine em Paris. Paralelamente, promove-se a edição de um selo postal, o *Rosto vermelho*, o que provavelmente não teria desagradado a este aficcionado pelos pedacinhos de papel. No entanto, todos os discursos daqueles a quem chamava de "as pessoas de situação" irritavam consideravelmente Gaston Chaissac, na medida em que tentavam engajar nas fileiras, classificar dentro de um gênero, seu ser excepcional. Se por um lado sua obra cativa pelos materiais inéditos, os objetos de rebotalho magnificados, os personagens com escrita, o que se desvela por trás do Chaissac representado por seus quadros e objetos é o Chaissac *literato* e sua "sem-cerimônia como missivista notório". Chaissac cronista dos *ínfimos acontecimentos*, Chaissac, *sapateiro desocupado de uma paróquia* da região do Boque. Uma contigüidade aparece numa "coerência que equivale a uma lógica",[3] a de Chaissac o "*bricoleur*" de real, qualidade que afirma com insistência e que escolhemos examinar a partir de sua correspondência e da função primordial que esta tem para ele.

As origens de um estilo

Como Chaissac, criança doentia e inadaptada tanto à escola como a qualquer aprendizagem e tentativa de trabalho, depois adulto sob a custódia da família e de diversas instituições, tornou-se esse pintor da *art brut*, mais tarde esse artista completamente inédito e agora conhecido no mundo inteiro, enfim esse escritor ainda desconhecido?

"Lancei-me nisso [a pintura], escreve a Michel Ragon em 1947, há dez anos, quando me achava em pleno desvario e não sabendo em que me agarrar."[4]

Chaissac tem vinte e sete anos quando se produz uma bonança no impasse do sujeito até então *na neblina*.[5] Mora em Paris com seu irmão e sua cunhada, que não suportam mais ter a seu encargo aquele rapaz estranho incapaz de ganhar a vida. Assim, refugia-se com freqüência na casa dos vizinhos de porta, que se interessam por seus desenhos e o encorajam. Trata-se do pintor Otto Freundlich e de sua companheira, Jeanne Kosnich-Kloss, que permanecerá até o fim de sua vida sua *querida mãe espiritual*. Um momento determinante de sua vocação artística situa-se, nesse ponto, no encontro com uma fala que lhe serve doravante como marco de orientação. "Um mestre nasceu", é assim que Otto Freundlich o autentica como artista e lhe proporciona ao mesmo tempo sua primeira família de *protetores*. Chaissac pode então dar um nome à sua doença de viver, à sua anomalia, a seu ser de exceção. É o que o sustenta nos anos seguintes, quando, doente e sem recursos, é obrigado a se alojar com aqueles que hoje seriam chamados SDF [sem domicílio fixo] na sede do distrito de Nanterre, mais tarde no sanatório de Arnières. Depois de uma segunda passagem por Nanterre, é mandado para o centro de reeducação de Clairvivre, na Dordogne, onde permanece por três anos. É promovido a chefe de oficina da sapataria e trava conhecimento com uma jovem professora primária, Camille Guibert, que se tornará sua mulher. Paralelamente, Freundlich e J. Kosnich-Kloss, a quem logo se juntam Albert Gliezes, Juliette Roche, André Lhôte, continuam a dar-lhe atenção, fornecendo-lhe materiais e organizando uma primeira exposição de seus desenhos. Estamos num período em que a psiquiatria mostra um interesse particular pela expressão artística dos doentes e apóia a singularidade daquele interno fora do comum. A afirmação de Freundlich — *Você é um artista* — associa-se então ao diagnóstico médico: "Meu médico me aconselha a viver num meio agitado [meio de artistas]. Meu caso não pode ser curado com uma fórmula química, não tenho nada de orgânico, sou artista e isso é intratável. Sou capaz de fazer coisas que ninguém pode fazer, por conseguinte é difícil, para mim, fazer o que todos podem fazer..."[6]

Esse momento difícil permite-lhe encarnar-se num ideal do eu, na ausência do significante fálico para fazê-lo, e, embora isso não baste para imprimir no sujeito o estilo que será o seu, tudo indica que seja sua condição primordial. O segundo encontro, alguns anos mais tarde, é intermediado por Jean Paulhan; conhece então J. Dubuffet, que publicará suas primeiras cartas e escritos — *Hippobosque au Bocage* —, e o envolverá na aventura da *art brut*, erigindo-o como um de seus principais representantes e manifestando-lhe amizade e apoio fiéis.

O nascimento de um "missivista notório"

Para Chaissac, a necessidade situa-se na escrita, ao passo que suas posições, além disso, podem variar e se inverter segundo o reconhecimento obtido ou a utilização da qual se sente objeto em estratégias do mundo da arte, às quais permanece alheio. Sua correspondência é uma porta de entrada para a carreira de escritor com que sonhava: "Eu não me limitava a pintar, escreve a Joseph Bonnenfant, e, embora não tivesse diploma, tive a audácia de escrever."

Numa carta a Raymond Queneau, dá a chave dessa guinada: "Um dia, percebi que aqueles a quem eu as enviava [as cartas] mostravam-nas aos outros, isso me desagradou bastante e passei a só escrever cartas que pudessem ser mostradas a todo mundo, como fazem os escritores."[7]

Tal opção valoriza a distância entre a fala e a escrita na economia do gozo. Em sua correspondência, ele tece um laço social, exibindo uma verve, uma fantasia, uma ironia, até mesmo um *topete*, que fascinam seus correspondentes. Considera Dubuffet — seu primo de Paris — e ele próprio — o Dubuffet de tamancos — da mesma família; manifesta sua confiança em Michel Ragon, Jean Paulhan, Jean l'Anselme e muitos outros.

Em contrapartida, os encontros, na medida em que põem em jogo a presença dos corpos, são provações dolorosas que alguns presenciam, às vezes sem benevolência: "De passagem pela galeria Maeght, observo seu olhar furtivo, atemorizado; antes de se despedir ele me diz muito rápido — *já eu sou vendeano sapateiro surreal pintor e poeta*. Segundo minha impressão, o sujeito me pareceu um pouco fabricado";[8] e ele próprio retorna de seus raros deslocamentos a Paris cheio de amargura: "Paris e seus tiras, posso tê-los em outro lugar!"[9] Ou ainda:

"Não vejo como sair do meu isolamento; me senti inclusive mais isolado que em outros lugares com artistas ou escritores mais ou menos conhecidos com quem me encontrei. Eles falam entre si uma linguagem que é hebraico para mim."[10]

Mas o que poderia ser hebraico para os outros não é para ele, pois para além do valor de uso da palavra, é a seu valor de gozo que ele é sensível: "Muitas afirmações feitas são em parte ininteligíveis e às vezes completamente ... para alguns que as ouvem ... Quem sabe não poderia sair daí algo que fosse somente um prazer? Quanto a mim, gosto de ouvir a conversa de estrangeiros cuja língua ignoro, pois sua entonação e sotaque me enfeitiçam ... o rosto deles se anima e assume expressões bastante interessantes."[11]

A carta/letra, objeto condensador de gozo

Do fundo de sua aldeia na Vendéia, é com suas cartas, às quais se misturam contos, poemas e crônicas, que Chaissac tece uma tela sobre o mundo. Sua mulher Camille, professora primária, oferece-lhe uma vida mais tranqüila, na qual encontra o estilo que lhe convém. As atividades domésticas o esgotam — é de fato preciso admitir que jamais poderia trabalhar como artesão —, e além disso dedica-se à sua busca permanente de *material para literatura* e *material para cópia*. Chaissac escreve infindavelmente. Todos os dias, partem inúmeras cartas de Boulogne-les-Essarts, depois de Sainte-Florence-de-l'Oie e de Viz — às vezes diversas para o mesmo destinatário e às vezes diversas no mesmo envelope —, em que se vê a própria dificuldade de escrita fazer escala na metonímia do significante. Mas percebe-se também a limitação obtida pelo suporte do objeto carta, circunscrito pela folha, entre a saudação ao correspondente e a assinatura final, ainda que os acréscimos se comprimam nas margens ou entre os parágrafos. As cartas voam para as destinações mais variadas e heteróclitas e seguem, às vezes, trajetos complexos, podendo transitar por vários intermediários antes de chegar a seu destinatário final.

É difícil dar conta das cartas/letras de Chaissac *in absentia*, fora de sua materialidade de objeto, ali onde o singular da mão esmaga o universal do significante, como evoca Lacan a propósito da caligrafia. São cartas/letras a serem vistas, acompanhadas às vezes de *graffitis* ou desenhos e atestam a incidência do corpo e seus fenômenos na escrita, submetidas às vicissitudes do gozo que o atravessa, e que se observa no trajeto sobre a folha, desde linhas retas e aplicadas a linhas que se inclinam como personagens sobre quadros; desde a derivação das palavras às letras torturadas pela tinta violenta que transborda. Os parágrafos são raramente isolados na compacidade de um texto pouco pontuado; a ortografia é de geometria variável; as letras maiúsculas estão pouco presentes ou nunca onde se as espera; o conjunto não raro sobre materiais recuperados: folhas de cadernos escolares, anúncios ou prospectos diversos, cédulas eleitorais inutilizadas, papel de embalagem recuperado... Por trás dessas cartas, um diário e uma quantidade de pequenas *notas* dispersas em pedaços de papel, cantos de envelopes, capas de cadernos, onde deposita uma idéia, uma anedota, uma fieira de palavras, que utiliza depois em série em diversas cartas a vários correspondentes.

O romance vivido: uma distribuição de gozo

"As cartas devem ser integralmente publicadas, pois devem testemunhar o romance vivido ... em outras palavras, a distribuição do gozo. Nesse sentido, não devem ser remanejadas em uma estrutura física."[12] Não é portanto na biografia de Chaissac que nos deteremos, mas naquilo que ele mesmo apresenta como momentos de encontros com o real, determinantes de seu modo de gozo dos múltiplos nomes que se atribuirá. Para Chaissac, de fato, o nome não é pura referência, mas nem por isso é complementado — como para Joyce — pelo sintoma, apenas por qualidades circunstanciais que, numa metonímia permanente, nunca bastam para designá-lo.

Uma vocação "inobedecível"

As lembranças que ele conta situam-se em cenas que, por não serem metaforizadas, têm prolongamentos em curto-circuito no real: "... sentia-me o frango na idade de deixar a mãe galinha e sentia-me atraído pelo clã dos homens rudes e nesse dia fui cagar numa de suas latrinas públicas [o que não me fazia mais cuspir de nojo] em vez de ir num penico de bebê ou fazer com o cu ao vento. E me senti desde então um deles e sinto-me ainda, pois não saí de sua senda."[13]

Daí nasce um S_1, verdadeiro significante real, com valor de injúria — *reacionários de chocadeira*: "A população me encharcou com pilhérias que não sou competente para amordaçar, mas continuo podendo falar de *reacionários de chocadeira*, de retrógrados chocarreiros..."[14]

Em seguida revela-se sua verdadeira vocação: "Num dia de grande tristeza, sendo ainda quase uma criança, peguei a estrada do instinto e já bem distante, senti loucamente o desejo de ser empregado na fazenda que meus olhos acabavam de descobrir. Mas não tive a ousadia de entrar e me oferecer e fui embora arrasado ... O instinto é tão forte aos quinze anos, será ele capaz de me enganar?"[15]

Esse desejo singular não deixa de causar espanto, mas o leva a precisar sua posição subjetiva assim: "Não acha que isso deve esconder algo, que não me custa ser um empregado, um cavalariço? Vi-me num monte de esterco carregando um veículo desse gênero, isso num serviço contratado como bóia-fria agrícola ... Minhas reações foram as de um empregado de gestos ainda hesitantes mas já bem curvados à vontade do patrão. Ele obteria tudo de mim, até mesmo práticas religiosas."[16] Ou ainda: "Quando rapaz, o patrão que eu queria mais para mim era um fazendeiro vizinho, um homem duro no trabalho, beberrão, de direita em política, um clerical arraigado. Eu gostava muito dele e acho que eu não lhe era indiferente. E hoje em dia acredito realmente que fosse um fazendeiro [um fazendeiro como esse] o patrão de minha predileção."[17]

O *leitmotiv* da busca de um trabalho, aliado a essa vocação, dá cor às suas cartas: "Minha intenção é aceitar o lugar de cavalariço que aparecer... Você poderia me pintar sob a luz de um excelente empregado, não muito capaz mas tendo sido educado no ponto de vista da submissão ... Submissão eu tenho e chego a ser um baba-ovo com um patrão, ou melhor, um vassalo na alma."[18]

Ou ainda: "A vida de fazendeiro parece-me aquela para a qual o homem foi feito e que por meio de seus currais lhe permite realmente gozar. A vida fácil leva à *estagnaria*."[19] "Acabar na pele de um serviçal de fazenda, única coisa que sinto vontade."[20] "A escravidão é a sensatez que fortalece os fracos."[21]

Porém acrescenta: "Minha vocação de cavalariço permanece *inobedecível*, e provavelmente é isso mesmo."[22]

É frágil o limite que o impede de se juntar a esse gozo no real, mas seu uso da língua lhe permite transformá-lo em material para assinaturas que nomeiam seu ser de gozo: *Gilles Titiqueiro, o Titiqueiro Gaston Chaissac, dito Gaston Cagador [Chie-en-sac]*.

Resta o impossível encontrar seu lugar simbólico dentro do mundo, o que se traduz no real para ele em vozes que lhe dizem — *Não queremos você aqui*[23] — e encontra seu corolário na queixa dirigida a R. Briant: "*Será que sou casável?*"[24] Em contrapartida, sua certeza reside em seu status de objeto: "Se não for apoiado, corro o risco de me afogar sob os escarros exatamente daqueles que eu tentaria defender."[25] "Que um patrão veja ele próprio o partido que pode tirar de mim. ... Continuo a pensar em servir de publicidade viva para um empregador..."[26]

Chaissac deliberadamente se oferece para o lugar de objeto-dejeto nos insultos de que é alvo. É aí que encontra os pseudônimos mais apropriados para nomear seu ser: "Adoto de muito bom grado os qualificativos de que me dotam... Chaissac o brincalhão."[27]

Consegue dar a esses nomes prolongamentos metonímicos que não esgotam suas significações. Peguemos dois casos. Apelidado de *Picasso de tamancos*, o que nem sempre lhe agradou, faz com isso as seguintes variações: *Picasso não mais de tamancos, mas de chinelões — o avalonês de chinelões — o Pablo melequento [*morvandieu*] avalonês de chinelões — Picasso de sandálias — Picasso das caçarolas — Chaissac, dito o Picasso da Favela — Gaston Chaissac da Favela — Chaissac da Favelamato.* Ou ainda: "*Sou aqui o Beco sem saída que pinta com bosta de vaca ... Mas saber ser beco sem saída-cabeça dura não é para qualquer um...*"[28] Daí, um longo desenvolvimento sobre esse termo: *há beco sem saída e beco sem saída... O grande beco sem saída do litoral guadalupiano... nossos poéticos caminhos da Vendéia que fazem a curva no beco sem saída... Faço alusão a esse lamentável impasse no poema abaixo...*

Um corpo "desleixado"

Chaissac não pára de descrever seus dissabores como *diminuído físico*, suas estratégias com um corpo *deteriorado*, sua *pança enfurecida* cingida por seus famosos cintos de flanela, corpo não vivificado pela significação fálica: "Uma vez o barbeiro tinha ido lá em casa cortar meus cabelos eu me encontrava sentado pronto a sofrer a operação, 'o barbeiro perguntou como deve cortar?' — raso, respondeu meu pai. Aquilo me desagradava, pois havia feito minhas pequenas fantasias e não ousava dizer nada e fui tonsurado. Depois acredito de fato que chorei mas estava raspado, era irremediável, e hoje fico contente de ter sido forçado, o que é uma lembrança a mais para mim."[29]

Tanto o tema dos cabelos como o do bigode voltam várias vezes: "Os barbeiros nos estragam, falta-lhes habilidade [isto é, inabilidade], não sabem nunca fazer um corte de cabelo que fique parecendo com cabeça de cigano. Prefiro ficar nas mãos de aprendizes-barbeiros que pelo menos fazem cortes de cabelo inéditos..."[30] E ainda: "Esse verão fui a Paris como cigano endomingado mas sem ter cortado o cabelo... e como o estilo cigano também fica demais [efeminado] deixo crescer meu bigode, que parece um rabo de vaca, para remediar o problema... Sempre gostei dos bigodes e ainda garoto ficava pasmo de admiração diante dos bigodes de um camponês que podia prendê-los nas orelhas, e queria ter um famoso par como aquele..."[31]

Chega a descolorir os cabelos com água oxigenada, talvez para chegar o mais perto possível daquela cor *rabo de vaca*. Além disso, evoca a idéia de uma castração necessária, no real: "... isso me faz pensar na obesidade produzida pela castração e que castrar-me seria provavelmente o único remédio contra minha magreza. E depois, continuando a meditar em torno disso, eis que volto a me lembrar de alguém que só tinha um colhão desde que lhe tiraram o outro porque tinha sido atingido por uma manivela de automóvel. Como era alguém muito direito, pergunto-me se aquilo não tinha acontecido por alguma coisa, e pergunto-me também se dois colhões não convêm apenas para um animal, se não é muito para um homem e se um homem não faria melhor se não tivesse nenhum dos dois."[32]

A falta dessa dimensão fálica do corpo encontra seu complemento em tentativas para vestir esse corpo com a imagem. Para ele, o hábito poderia muito bem fazer o monge! É preciso distinguir para esse sujeito um S_1 particular — *coberto violentamente [*à la hussarde*] com veludo cotelê* — que transformará para si em substantivo qualificativo — *o homem que é coberto de forma Violenta [*à la Hussarde*] com veludo cotelê.*

Além disso, Chaissac busca endossar o vestuário do outro, para transparecer "cor local", fazer-se adotar, mas acima de tudo para dar a seu corpo um invólucro que mantenha sua unidade: "Adotei o avental [primo do macacão dos cocheiros e palafreneiros e do blusão do carroceiro] de trabalho do camponês do Boque. Podem achar uma palhaçada, mas é porque gosto dele. E cai bem em mim pois esconde meu 'desleixo', que me incomoda."[33]

Paralelamente, um certo número de acessórios de valor camponês tem a mesma função: casacos amplos, polainas, chinelões. Uma série de nomes deriva desses invólucros de corpos — *O pequeno sapateiro coberto de veludo cotelê* — *O Melequento* [Morvandieu] *de avental do Boque* — *O esteta em macacão de cavalariço* —, que encontram também um prolongamento na própria multiplicação de seu personagem, suscitando às vezes dúvidas quanto à identidade do autor: "Remedeio minha mediocridade encarnando sucessivamente personagens que permanecem viáveis, de modo que eis-me já 7 ou 8."[34]

Um país de exílio: a Independência

À sua futura mulher, ele vai escrever: "Querida Camille. Não tenho país. Pode-se considerar como tal o lugar onde o acaso o fez nascer ... Sou um sem-país, sem vínculos, uma espécie de *nomage* bem à revelia. Sempre houve uma tábua me levando em direção a algum *isolot* árido e desolado..."[35]

Dessa exclusão ele cria um nome que se declina ao longo de toda sua correspondência. Ele será cidadão *in partibus* pela vontade do povo, de onde procede a série de seus nomes de exilado: *Gaston Chaissac sapateiro in partibus e escritor de vanguarda, Gaston Chaissac Yonnais de l'Yonne, Chaissac caçula da Borgonha, G. Chaissac filho de Limousins, Chaissac de Avallon* (sua cidade natal)... *Gaston Chaissac do Breuil de Laterrade de Soursac, ex-pintor* (lugar de origem de sua família materna).

Para amenizar essa falha estrutural, sente necessidade de encontrar um país. Esse país tem um nome: *Independência.* "Jovem, eu não tinha outro objetivo a não ser a conquista de minha independência, o que pode exprimir o porquê me expresso como independente. Não consegui atingir esse país mas aprendi sua língua, ao passo que outros ali chegaram mas não conseguem se fazer entender. Eu poderia me propor como intérprete..."[36]

Os nomes desse país serão nomes de artista e sua qualidade linguageira oriunda de seus achados no dicionário, de seu jogo com a língua, de suas invenções de doutrinas ou religiões. O mais conhecido *Hyppolite Hippobosca* merece ser desdobrado em suas significações. Podemos notar:

• G.C. nasceu no dia de Santo Hipólito.

• Hipoboscídeo é "esse mosca que vemos sobre os cavalos e que descobri no Larousse".

• Hyppolitte e Hipobosca consoam e se juntam em sua significação em torno do cavalo.

• Esse nome é atualizado segundo as circunstâncias: enobrecido e italianizado, *Gaston Hyppolite Chaissac di Lipobosca*, e resultará numa teoria fictícia, o *hippoboscalismo.*

Outros nomes são vinculados a uma obra produzida, a uma circunstância ou à situação presente do autor:

• *Chaisssac que pinta quadros que não fazem sucesso na Normandia: Chaissac, o Toneleiro.*

• *G. Ch., o homem que obedece às cascas — G. Ch. feito à mão e seleção de idéias contraditórias.*

• *Gentleman pittore, Chaston Chaissac, descascado saqueado, chocolate e desmoralizado...*

• Ele é também: *Gaston Chaissac heresiólogo — Gaston Chaissac o autor de "O catador de entulho e o histotomista" — Gaston Chaissac, valetudinário, ourives em cobres velhos e sopeiro da escola de feias artes — Gaston Chaissac, neo-irmão z "ignorantão" e autor dos versos "vai mofar no setor das sereias"...*

Para seu grande prejuízo, sua vocação de dejeto não se encarnou no real. Ela permaneceu inobedecível pelo recurso tornado possível na arte, por mais "brut" que fosse, pela graça da qual o gozo se cerra em torno dos objetos de rebotalho magnificados. Mestre do dejeto (a/Φ_0), ele se torna, ao mesmo tempo, mestre da língua (a/P_0).[37]

A aparelhagem do dicionário: a semeadora de todos os ventos

Lacan propõe ver na escrita a junção apropriada para captar como lalíngua pode se precipitar na carta/letra.[38] É com essa junção que Chaissac aparelha seu gozo, é na escrita que encontra uma arma para confrontar o real. Realiza uma promoção de *lalíngua* que leva ao laço social, encontrando eco nos surrealistas e outros literatos. O que é preciso nomear, não mais sua vocação mas sua missão, leva-o a encontrar seu estilo a partir de um uso inédito do dicionário, o Larousse em seis volumes, adquirido por sua mulher ao sair da École Normale, e com o qual vai se aparelhar. Através da multiplicidade de papeizinhos que envia para centenas de correspondentes, ele se torna por sua vez *Semeadora de todos os ventos*, esperando, do fundo do Bocage vendeano, alguma germinação de idéias no mundo ao qual se dirige.

Por outro lado, Chaissac entra freqüentemente *em pane* tanto de idéias como de formas, justamente quando se sente orgulhosíssimo de sua imaginação e sua verve. Aqui assinala-se a vinculação problemática entre o simbólico, cuja matéria-prima ele não detém, e o imaginário. Deve então ir buscar *material para literatura* ou *material para cópia* no exterior. O dicionário é seu principal fornecedor, sempre ao alcance da mão, permanecendo inclusive em sua cabeceira quando seus acessos de "bomba" o seguram na cama. O que o motiva em primeiro lugar é a fruição dos fonemas ou o acaso das fieiras de palavras e de sua música: eles as escolhe e só depois pensa onde irá utilizá-las. Para isso, tem de constituir, depois do lugar do código, um lugar de endereçamento, que ele encontra, para além de seus poucos correspondentes atraídos, nos *faits divers*, nos anúncios de jornal, nas crônicas e nas notícias; complementa-as com o catálogo de telefones: "Esses *faits divers* que são aqueles que aprecio também por tudo o que documentam... e sobretudo os endereços que fornecem, estavam no velho jornal no qual monsieur Caillaud embrulhou meu bacalhau e minhas sardinhas esta manhã."[39]

Em seu tratamento da língua, Chaissac subverte o lugar do código, extravasa seu uso, e demonstra, de maneira paradigmática, que as palavras não são a conseqüência das coisas, mas sim o contrário.[40] Utiliza-as depois em espécies de colagens onde se determina o sentido, exemplificando em que lalíngua está sua condição de sentido. Às vezes, o sentido é um pouco reticente a vir habitar a palavra, às vezes Chaissac propõe a palavra, enquanto tal, para uso de seu correspondente: "Procuro estabelecer *ressonância sabática*." Ou ainda: "Falso poema esgrito (sic) sem outro motivo senão colocar palavras no tapete onde se poderá abastecer para enriquecer seu vocabulário."[41]

Segue-se um poema que contém palavras inéditas mas geralmente encontradas no Larousse, numa combinação pitoresca das mais *non-sense*. Encontramos ali *ajoupa*, *aîophyle*, *aiguade*, *aiguayat*, onde se adivinha o desfile, cuidadosamente examinado no dicionário, da letra "a".

Propõe igualmente *uma contribuição desinteressada à atualização do Larousse universel*, acrescentando uma acepção suplementar ao termo *duquesa*.[42]

Inventa nomes de doutrinas, religiões ou tendências: "Ontem escrevi um pequeno artigo sobre a pintura faquirista e faquirizada. Sirvo-me desses nomes para designar a próxima tendência a nascer."[43]

Não hesita mais em criar nomes pseudônimos para uso de "pintores que só existem em minha imaginação... mas que jovens poderão adotar para se tornarem conhecidos imediatamente. Mas falo também de artistas reais que vi no trem ou em enterros."[44] (Gaston Gallichard, Pierre Ponce.)

Entretanto, o pitoresco desse uso do dicionário mascara mal a urgência dolorosa de cingir o real para aquele que se diz alinhador de palavras: "Alinhar palavras, ainda que penosamente, mas alinhá-las."[45]

Uma teoria da língua: "Viva o sabir"

Esse uso da língua conduz muito naturalmente Chaissac a uma teoria que promove a língua de gozo contra a língua normatizada dos lingüistas. Exprime-se *como independente*. Essa teoria junta sua vocação em relação com o objeto e sua relação com a língua, o que ele formula a Jeanne Kosnik-Kloss da seguinte maneira: "Você poderia fazer uma aproximação entre meus quadros e a rusticidade da linguagem dos camponeses, que deformam as palavras como eu a desenho ... no fundo, em pintura, eu falo um dialeto."

"O camponês daqui põe seus tamancões, suas polainas e seu avental ao se levantar e só os tira quando vai para a cama... e além disso tem o privilégio de falar mal o francês."[46]

"Esforçam-se por falar a linguagem do interlocutor, de onde resultam sabirs múltiplos e não raro bem saborosos. E o sabir continua indispensável para se fazer entender.

Sem o sabir, como fazer?

Você pode fazer uma idéia de como me irrita toda vez que me encontro com pintores e escritores que egoisticamente, na minha frente, conversam em seu jargão erudito sua língua pura querida da qual não pesco absolutamente nada... Não vejo por que merda seja mais vulgar que matéria fecal e Berna e cerne que se parecem com merda não sejam consideradas vulgares... *porque foi decretado assim*."[47]

Essa posição tem seu correspondente no próprio conteúdo de suas teorias: "Eu poderia criar animais... não hesitaria em cruzar animais que outros não cruzam: animais tarados ou doentes por exemplo, para tratar de obter indivíduos mais sensíveis e mais inteligentes. A humanidade precisa apenas de brutos grosseirões."[48]

Interpretação toda chaissaquiana do *sob medida* ou do *feito à mão* em oposição ao *prêt à porter*.[49] Daí Chaissac atribuir-se a missão de defender o autodidata, o autêntico e o inculto contra o profissional e o acadêmico, a *art brut* e a pintura rústica contra o *trabalho perolado* e contra a *épura que gera aridez*.

Vocabulário e sintaxe carregam a marca disso. As palavras não são escolhidas em primeiro lugar por seu sentido mas pelo gozo contido nos fonemas, em suas consonâncias, em seu pitoresco, com as possibilidades oferecidas por um semantema sendo exploradas de diversas maneiras: *faquir, faquirizado, faquirista — publicidade, fazer publicidade, ser publicidade — apoio, apoiador — grafitti, grafiteiro*.

O prazer em torno de um fonema prolonga-se no estribilho das conjugações, próprio para repetir seu gozo: *eu espadachino, tu espadachinas*; sintagmas ligam, em fórmulas repetitivas, duas palavras de alta significação pessoal: *retrógrado chocarreiro, populaça bem-pensante, cabeça de borra, tempestuoso-arbitrário*. Enfim, neologismos de valor poético superam de longe os limites da língua do dicionário: *As virtudes miraclíficas — a viscosidade dos sentimentos — berlinar amagamente a orelha — poltronear em surdina.*

Uma retórica de boa política

No isolamento de seu microcosmo vendeano, entre suas tarefas domésticas, de pintura e escrita e sua observação aguda de tudo que lhe pode proporcionar material para cópia, Chaissac tem visadas sobre o mundo. Mesmo sua indumentária bizarra, suas pinturas murais e os totens que habitam seu jardim, os velhos utensílios e as máscaras que pendem de suas persianas fazem às vezes dele alvo de risadas da aldeia, ele que sabe muito bem que, *como pintor, escritor e artesão rural, julga poder [se] permitir dizer algo, isto é, semear idéias no mundo, pois ele próprio pensa nada acerca de tudo e tudo acerca de nada*: "Coloco-me como testemunha tomando a peito carregar sua humilde herança para que vejam mais claro... Sou o poeta que canta a liberdade mas também a beleza da servidão, pois não devo tomar partido."[50]

Chaissac transforma a balbúrdia de suas idéias num estilo e torna-se o paladino das idéias contraditórias: "Tenho o costume de refletir sobre os problemas de nossa época e de escrever a respeito das coisas contraditórias... todo tipo de idéias para excitar os pesquisadores a refletirem, a procurarem, a encontrarem..."[51]

"Quero fazer um monte de gente delirar.

Eu com minhas cartas abstratas e você com seus poemas poderíamos levar as mesmas pessoas não se sabe ainda aonde... a um bom lugar."[52]

"Em nossos dias em que tantos cérebros são gaiolas de aranhas... seria preciso [e eu contribuiria para isso] uma nova mística de alta fantasia [com dogmas intercambiáveis] na qual todo mundo fingiria acreditar."[53]

Essas visadas supõem habilidade para obter o impacto almejado. Ora a carta é *um panfleto, um prospecto*, e atesta uma visada precisa: "Bombardearam-me sapateiro *in partibus* e quero devolver a polidez... Meu objetivo é criar *in partibus* pra chuchu, eliminar profissionais por diversos meios..."[54] Ora ela visa provocar, gerar matéria: "Como missivista, por enquanto só faço escrever coisas sem pé nem cabeça e ao sabor do acaso."[55]

Essa habilidade é fruto de uma arte da retórica e da composição que lhe permite bordejar o real e ao mesmo tempo encontrar um apoio especular em seus semelhantes, a quem não pára de propor colaborações, trocas, prefácios e publicidades recíprocas e a quem informa regularmente sobre o que o está chocando no momento: "Lanças-me como pintor e te lanço e te faço amar como escritor por um monte de gente" (a Dubuffet) — "Quadros assinados Queneau-Chaissac ou Quessac ou Chaisneau...?" — "O bacana é que *influencio as pessoas sem que elas me influenciem*, pois não se aproximam de mim e não respondem às minhas cartas."[56]

Pode-se assim "intrigar as pessoas com certos erros que de repente nem o são como por exemplo dizer sobre um ex-oficial que ele foi menino-açougueiro".[57]

O tom será o da piada, da ironia: "A época exige que a levemos em forma de piada, único meio de poder operar." — "Falo muito bem de teu prefácio a alguns e muito mal a outros. O que é interessante acima de tudo são as cartas que isso me faz receber em que falam de ti" (a Dubuffet).

O estratagema: não se levar a sério.

"... acho menos banal pregar o retorno ao druidismo, mais astucioso também, pois eu poderia trabalhar melhor, visto que não me levarão nada a sério."[58]

Quanto à composição das cartas, atesta um uso da metonímia elevado ao nível de um estilo. Ele antecipa as dificuldades que poderíamos ter ao ler: não é capaz de responder às perguntas formuladas, pois é antes de tudo o homem das digressões, um doutor em digressões e, assim, encoraja à leitura: "Se o desoriento, pense que é provavelmente porque evito ser um plagiador."[59] Ou ainda: "[o conteúdo de minha carta] talvez o desoriente um pouco não estando ainda habituado ao meu estilo e meu senso de espírito."[60]

Para despertar interesse no destinatário, usa de estratégias: "Escrevi ao senhor pároco da sua região uma carta abstrata mas na qual não obstante intercalei umas coisinhas capazes de cativá-lo."[61]

Assim, Chaissac consegue transmitir uma multiplicidade de idéias, puras invenções linguageiras que denunciam sem concessão a estrutura de semblante de toda norma. Com apoio do dicionário, ele se coloca como *descobridor de cismas, inventor de doutrinas, heresiólogo*. Declara ao padre Coutant: "O senhor reconhecerá que nestes tempos de materialismo é preciso produzir com urgência uma doutrina que seja o porto dos desgraçados incréus ou extraviados e para provocá-la entrego-me como para pintar um quadro... tenho apenas uma vaga idéia do que será essa doutrina, é como meus quadros, antes de estarem terminados."

A displicência dos eliminados: o estilo Chaissac

Não se reconhece à primeira vista o estilo de um sujeito, sua qualidade, o que faz dizer "Isso é Proust, isso é Duras, Picasso, Chaissac", ou muito simplesmente

"Isso é ele com certeza", fórmula utilizada por J.-A. Miller, em junho de 1998 em Fontevrault, para qualificar "a assinatura do sintoma". Seria lícito afirmar que alguns sujeitos conseguem elevar seu sintoma à altura de um estilo? Recorramos a uma observação de Lacan de 1933: "O artista conceberá o estilo como fruto de uma escolha racional, de uma escolha ética, de uma escolha arbitrária ou ainda de uma necessidade experimentada cuja espontaneidade impõe-se contra todo controle." Retomando "O Gide de Lacan",[62] J.-A. Miller inaugurava a noção de estilo como desfecho de um processo de aprimoramento, resultado de uma *decocção* cuja marca identificável é carregada pelas produções de um sujeito. Poderíamos colocar em paralelo o encontro de Gide com a mensagem de Goethe, que produz o escritor apto a assumir o caminho de sua singularidade, e o encontro de Chaissac com Freundlich, que determina o lugar de exceção do artista a partir do qual se organizam suas defesas contra o real. Gide insiste na dimensão de sua escolha própria: "Que seja isso que ele queira", escreve, em seu *Diário*, a propósito do Outro. Ser um artista nunca será sua verdadeira vocação. Se para Gide a incisão provocada pela leitura de Goethe extirpa sua *figura interna*, para Chaissac trata-se de uma atribuição do Outro fornecendo-lhe apenas um apoio necessário para encontrar sua modalidade própria de agir com o real, e cuja responsabilidade terá de assumir:

"O que eu criticaria em minha arte é ela ter me feito ver as coisas sob outra luz e minha antiga mentalidade fazia isso muito melhor. Embora não sendo um homem de deveres, sinto-me supostamente obrigado a continuar a escrever e pintar e preferiria ser alguém sem missão desse gênero..."[63]

Essa escolha exige o tempo lógico do consentimento à sua exceção própria, que passa, no neurótico, pela experiência de S(Ⱥ) e no psicótico, pela descoberta de uma modalidade de saber lidar com o real numa experiência subjetiva em que o Outro titubeia em dar ao sujeito um ponto de garantia.

Por sua vez, o estilo supõe o Outro a quem nos dirigimos, mas também o outro da mesma paróquia. Se tantas cartas de Chaissac desapareceram, tiveram apenas o destino da *publixação*, foi certamente porque ele não se limitou, em seu endereçamento, àqueles da mesma paróquia, pintores e escritores interessados nesse momento por tudo o que subvertia os academicismos e incidia na língua e nas formas para desconstruí-las e redescobrir a espontaneidade de um primitivismo perdido. O professor primário que não responde ao seu pedido de um prefácio, o conselheiro-geral a quem envia sugestões ou o bispo da Vendéia, a quem comunica suas desilusões, não têm o que fazer das cartas de um iluminado.

Para Chaissac, a única maneira de acomodar o real é fazer arte com todas as coisas. É aí que reside a unidade de seu estilo. Promover os *incultos*, os *simplórios* com suas cartas, elevar *a aldeia à altura de uma instituição*, com suas crônicas, conferir *eminência a uma panela cheia* em sua arte advêm da mesma necessidade, a de fazer o real passar no simbólico, sem operação de metáfora, freqüentemente por simples contigüidade, superposição, colagem, cingindo de um só traço, sem "idéia" prévia do resultado. Por várias vezes ele afirma que essa arte só é válida referida à sua qualidade de *bricoleur*, aquela que lhe propicia uma habilidade para usar lalíngua com dejetos e escombros diversos, formas proporcionadas por um lagarto num muro, uma pedra no meio do caminho, um toco de árvore na floresta, um desenho de criança, um *graffiti de inculto*, a marca de um objeto.

"Sobre belo papel, eis que seria um sacrilégio uns garranchos desses. Quanto a terminar, melhor concluir os deixados de lado, produzir melhores novos seria francamente estúpido", escreve ele a Íris Clert, que, ao preparar em 1961 a terceira exposição de suas obras, pede-lhe um pouco mais de cuidado e precaução.

Chaissac-o-Bricoleur poderia ser seu nome de sintoma, pois é sua habilidade que lhe permite, bem ou mal, *habituar-se ao real* — "devemos ser capazes de nos habituar ao real", diz Lacan, esclarecendo que "o único concebível a que temos acesso é o sintoma".[64] Isso será para Chaissac obedecer às palavras, *obedecer às cascas, obedecer ao lixo ou obedecer aos formatos*. Se *o simbólico está no princípio do fazer, ... a arte é um saber-fazer ... para além do simbólico.*[65] Mediante esse primitivismo que fez a alegria dos paladinos da *art brut* e dos surrealistas, Chaissac acreditou, por um tempo, ter encontrado uma família, mas ele não pertence ao mesmo mundo. O que os outros obtêm por um esforço de desconstrução poética da língua, por decomposição dos volumes, Chaissac, ao contrário, obtém por uma reunificação de pedaços de reais, uma colagem de formas isoladas, uma exposição do corpo diante da qual os devaneios das "pessoas colocadas" para obter um pouco de espontaneidade lhe parecem bem ridículos. Ele não se reconhece no "que se dane e na displicência das pessoas colocadas... eu sou o que se dane dos eliminados, dos inadmissíveis...",[66] ou ainda: "Não vejo as coisas sob a mesma luz que os homens fabricados em série no seminário. Passei para uma escola completamente diferente. Uma escola enfim nem mesmo de minha escolha. Quando me tratam de iluminado, simplesmente esclareço: 'Não, eliminado.'"[67]

A arte não encobre a estrutura, muito pelo contrário, a comprova. Esgotado por sua luta incessante para traduzir o gozo pela carta/letra e amestrá-la no objeto sem o sólido recurso de um *bricolage*, que no fim de sua vida o abandona, Chaissac despede-se aos cinqüenta e quatro anos de seu país da *Independência*.

"Se eu conseguisse ser um grande pintor, seria em todo caso apenas um a mais. Prefiro trabalhar para produzir uma porrada deles."[68]

JACQUES-ALAIN MILLER

Sobre a honra e a vergonha

O presente texto de J.-A. Miller compõe-se de duas notas. A primeira, "Nota sobre a honra: da utilidade social da escuta", tem como tema a honra e traz a posição do autor diante de um fato político ocorrido recentemente na França, em outubro de 2003. A "Nota sobre a vergonha" remete-nos às aulas do curso de Miller no período 2001-2, ministrado no Departamento de Psicanálise da Universidade de Paris VIII, e aborda o tema da vergonha em sua relação com a honra.

Do fato político podemos dizer: em 8 de outubro de 2003, foi votada e aprovada pelo Parlamento francês a "emenda Accoyer", que visa regulamentar as profissões que lidam com tratamentos psíquicos, passando a exigir qualificações específicas para seu exercício. O ponto nevrálgico da emenda está em querer forçar a psicanálise a se juntar às fileiras das psicoterapias, ou, como bem disse um jornalista francês, "a emenda Accoyer pretende 'normatizar' a psicanálise enclausurando-a no mundo incerto das psicoterapias".

A aliança histórica entre psicanalistas e psicoterapeutas, que a emenda suscita, dá lugar à Coordenação Psi. Contrariando o senso comum, esta emenda divide os psicanalistas: não há consenso. Enquanto uns batalham pela distinção da psicanálise em relação às psicoterapias, outros, da Coordenação Psi, aliam-se aos psicoterapeutas em dois princípios fundamentais: o direito de escolher livremente seu terapeuta e o dever das associações de garantir a competência e a deontologia de seus membros. Trata-se de impedir a aprovação de uma emenda liberticida, quando isto incide em práticas relativas ao psiquismo.

Jacques-Alain Miller, porta-voz da Coordenação Psi, participou dessa discussão a partir do momento em que, no dia 25 de outubro, a primeira página do jornal Libération *ocupou-se do tema — a manchete era "Divisão do lado dos analistas" — e indagou a posição de Miller sobre a questão (posição que já ficava clara no título da matéria: "Uma submissão geral à avaliação"). No dia 30 de outubro foi a vez de o jornal* Le Monde *publicar um longo artigo de J.-A. Miller sobre a questão: é este texto que agora publicamos como "Nota sobre a honra".*

Angelina Harari

I. Nota sobre a honra: Da utilidade social da escuta

A prática das psicoterapias entrou já faz meio século em escala de massa. Ela progrediu sem ser absolutamente organizada pelo Estado. Até hoje não provocou nenhum desastre que seja de longe comparável ao de uma canícula. Foi possível constatar, durante os Estados Gerais da Psiquiatria em junho (*Le Monde*, 6 de junho) uma demanda de psicoterapia que se manifesta maciçamente na França desde que a oportunidade se apresente.

Eis que em 14 de outubro, ao cair da noite, a Assembléia votou por unanimidade, com esquerda e direita reunidas, uma emenda conferindo ao ministro da Saúde o poder de fixar por decreto as diferentes categorias de psicoterapia e as condições do exercício profissional. Na ausência de qualquer debate público sobre a questão, não é nada improvável que nossos representantes mal tenham avaliado as conseqüências desse breve texto.

Bernard Accoyer (vice-presidente do grupo UMP da Assembléia), autor da emenda, afirma ter descoberto ano passado, por acaso, a partir da indicação de um correspondente, a existência de uma inquietante lacuna, um vazio jurídico, que ameaçaria a segurança do público. Agiu a fim de preenchê-lo.

Não estamos dizendo que o sr. Accoyer descobriu a Lua. Contudo, se fosse coisa simples introduzir no campo das psicoterapias a *licentia docendi* (a autorização para ensinar) e o monopólio universitário, podemos imaginar que isso já seria fato consumado há muito tempo.

Se esse não foi o caso, deve-se supor que existam alguns obstáculos a isso. Convém identificá-los antes que se saiba se podem ser afastados e sob que condições, desde que pareça desejável.

A natureza da ação psicoterapêutica em si mesma presta-se mal à colação universitária de graus.

Dentre as psicoterapias, a maior parte das que operam pela fala e escuta procede da psicanálise (e esta, segundo Michel Foucault, da prática da confissão). Ora, desde a origem, é um fato que as concepções diferem tanto no que diz respeito aos parâmetros do tratamento psicanalítico quanto aos fatores que concorrem para sua eficácia. A natureza exata do "inconsciente" é controversa. O próprio Freud mudou de concepção várias vezes. As correntes se multiplicaram e lutaram entre si durante muito tempo. Nota-se agora uma certa tendência ao apaziguamento, mas também à fragmentação. O desenvolvimento da disciplina, portanto, já vem se dando há um século fora da universidade e ela é profundamente antipática ao ideal universitário tradicional, ainda mais por ser exigido do praticante que tenha passado como paciente por uma análise, submetendo-se a todos os áleas de uma relação interpessoal, confidencial por natureza. O Estado em sua sabedoria tinha se preservado de legislar a propósito dela, a despeito das tentações — que retornavam periodicamente — de "preencher um vazio".

O que mudou? Primeiramente, à margem da psicanálise propriamente dita, prática rara e exigente, a demanda social resultou num grande número de *ersatz* e de sucedâneos; o público exige agora a proteção do consumidor.

No mesmo período, a medicina, esclarecida pela ciência, deixou definitivamente o empirismo e conheceu progressos sensacionais, que explicam por que se sonha em fazer com que a psicanálise se beneficie de novas abordagens: codificação das práticas, avaliação numérica dos resultados, estabelecimento de séries estatísticas, elaboração de protocolos, "conversas de consenso", estandardização das condutas dos "modos de ação", "procedimento transversal".

Longe de nós desfazer da cientifização da medicina, que é uma benesse. Ocorre apenas que, pelo menos em nossa opinião, os métodos que fizeram maravilhas em cancerologia e em epidemiologia encontram obstáculos estruturais em psicanálise.

De fato, por mais surpreendente que possa parecer, na psicanálise o que diz o sujeito de seu sintoma é que constitui o próprio sintoma. Dito de outro modo, diferentemente do sintoma médico ou psiquiátrico, o sintoma no sentido analítico não é objetivo e não pode ser apreciado do exterior; e mesmo a avaliação da cura é tributária do testemunho do paciente. Estamos aqui a mil léguas da prática médica contemporânea, que tende mais e mais a dispensar da interrogação o paciente, a fim de extrair do corpo um conjunto de cifras. Até o surgimento da psicanálise, aliás, o objetivismo dos melhores psiquiatras os levava a julgar as mulheres histéricas como simuladoras e suas doenças como imaginárias.

Se o nome de Freud ficou gravado em nossas memórias é porque ele foi o primeiro a ultrapassar os ideais do cientificismo que o havia formado e a reconhecer, em termos se não científicos ao menos compatíveis com a ciência, o real singular e invisível presente no sofrimento da histérica. Quando o doutor Accoyer exerce sua prática de otorrino, o tampão de cerúmen está ali, obstruindo o conduto auditivo; ele o amolece e o extrai. Nos transtornos neuróticos o olhar médico nada vê.

Os tratamentos de pura sugestão, em que opera unicamente a ascendência da "personalidade forte" e que não são nada científicos, nem por isso deixam de ter alguma eficácia. Caso contrário, não teríamos como compreender por que os harúspices, os astrólogos, os Rasputins desde sempre assombraram os corredores do poder. Os mal-intencionados sustentam, inclusive, que o carisma do homem político e até o do líder religioso seriam do mesmo gênero que o dos charlatães.

No tratamento psicanalítico, ao contrário, o analista tende a se desfalcar de um fator, sua personalidade. Ele aplaina as marcas de sua presença, tende à impersonalidade, faz-se invisível, raramente usa a fala. Variando conforme a escola, ele deve, para atingir a posição ideal, pensar sempre em seus próprios pensamentos, ou não pensar nunca neles. Assim mesmo, todos estão de acordo geralmente em dizer que se mantém um resíduo deste fator pessoal e que este resíduo é irredutível. Do mesmo modo, por mais longa e exigente que seja uma análise dita didática — a que visa preparar um sujeito para o exercício da psicanálise —, ela nunca consegue anular este resto. O sujeito científico pode pretender alcançar a impersonalidade, o sujeito analítico, não.

A avaliação deste fator — vamos chamá-lo de fator "a", com minúscula — é muito difícil. Não se consegue calculá-lo assim como não se consegue "computar" a libido freudiana. Ele corresponde antes ao que os contadores da administração militar chamavam de uma "saída de escrita", um caso que sai do enquadramento. Podemos dizer que, se Freud escreveu tanto e constantemente renovou suas abordagens, foi precisamente porque ele queria desesperadamente capturar este pequeno *a* no discurso científico, fazer dele um objeto como os outros. Depois veio Lacan, que teve de concluir que havia no mundo um tipo de objeto até então não caracterizado (pelo menos no Ocidente): ele o chamou de objeto *a*.

Do lado do analista, este objeto é o móbil do ato analítico; do lado do paciente, é o resultado da operação. Sua avaliação requer procedimentos singulares e evidentemente confidenciais. É por isso que desde Freud a formação dos analistas vem sendo tradicionalmente realizada fora da universidade, em associações que garantem a formação e a prática de seus membros.

A maior parte deles trabalha ou trabalhou durante longos anos em instituições públicas; a grande maioria tem diplomas universitários de psiquiatria, de psicologia — outras formações universitárias são igualmente acolhidas —, mas essas formações não se confundem absolutamente com a formação analítica, que é específica. Cada uma das associações tem seu protocolo de avaliação e de credenciamento incessantemente controlado por pares através de múltiplas conferências nacionais e internacionais.

O que chocou no episódio presente, que deverá rapidamente ser superado, foi não apenas a discrição excessiva e a precipitação, que marcaram a elaboração e a votação dessa infeliz emenda, mas sobretudo o vocabulário de urgência e de ameaça utilizado. Esse estilo de intimidação não é digno de nossa representação nacional e nada apropriado a uma matéria que demanda ser tratada com tato e discernimento, com todo o respeito que merece a dor psíquica, ainda que esta não apareça nas imagens de RMN, e o respeito também por esses psicoterapeutas independentes, às vezes sem diploma, que administram honestamente um pequeno carisma pessoal e oferecem uma escuta atenta e modesta à miséria do mundo.

Evidentemente existem nesse campo operadores bastante nocivos que abusam da credulidade pública, difundem bobajadas, prodigalizam irrefletidamente promessas de felicidade. Existem também as seitas, com que o sr. Accoyer preocupa-se legitimamente, sem esquecer dos industriais do "*psy-business*", que acumulam fortunas — mas pode-se imaginar que estes sejam intocáveis.

Não, "os trinta mil psicoterapeutas que exercem na França", como se diz agora, não são como tais uma ameaça. Muito pelo contrário, desempenham uma função social eminente, apesar de não regulamentada.

Rompam por decreto o casulo de escuta que envolve a sociedade, perfurem a almofada de compaixão sobre a qual ela se assenta, o tímpano de todos esses ouvidos, erradiquem a psicanálise, façam a vida impossível para os psicoterapeutas, dêem livre curso ao mestre/senhor moderno que avança no alarido de seus protocolos e de suas credenciais, todo coberto por cenouras e bastões, e vocês verão como por milagre reaparecerem as patologias desaparecidas, tais como as grandes epidemias histéricas, vocês verão crescerem e multiplicarem-se as seitas e os feiticeiros, que se enfiarão nas profundezas da sociedade e escaparão, assim, melhor ainda da censura de vocês.

É preciso saber que as práticas da escuta estão destinadas a se disseminar em toda a sociedade. Estão agora presentes tanto na empresa quanto na escola e todos nós podemos constatar que inspiram o próprio estilo do discurso político contemporâneo. E a escuta tornou-se um fator da política e uma matéria de civilização. Se é preciso, então, agora, enquadrar este setor em crescimento acelerado, isto deve ser feito com todo conhecimento de causa, com a concordância de atores sérios, na serenidade, antecipando os contra-efeitos.

Uma regulamentação deve passar pela criação de um "ato psicoterapêutico" que por ora não existe? Se fosse criado, ele seria um ato comum aos médicos e aos não-médicos, portanto considerado desqualificado com relação à prescrição médica; ele deveria ser reembolsável tornando ainda mais pesado o orçamento da Previdência Social, e sofrer as inevitáveis restrições que se anunciam. Sabe-se, pelo exemplo da Suíça e dos países escandinavos, o uso que pode ser feito do recurso à "boa prática" para justificar todo tipo de restrições de acesso às psicoterapias. Sabe-se também quão incerto pode ser o diagnóstico nesse aspecto.

De todo modo, seria exorbitante incluir nesse quadro a psicanálise, como propõe o dr. Cléry-Melin no relatório que entregou no início de outubro ao ministro da Saúde. Isso só pressagia a regressão profunda da disciplina e sua depreciação seguida de desfalecimento. Vimos isso ocorrer em muitos países, especialmente nos Estados Unidos da América. Seria essa "exceção francesa" que se detesta e que se quer fazer desaparecer?

Imaginemos que a fronteira, atualmente porosa, entre o ato terapêutico e a atividade dita de "*counselling*" se enrijecesse. Os psicanalistas se veriam cedo ou tarde forçados a se inscrever do lado de cá. Redes se construiriam — analista conselheiro, clínico-geral receitador ocasional, clínica privada —, evitando a passagem pelo "psiquiatra coordenador regional", verdadeiro prefeito da saúde mental previsto pelo dr. Cléry-Melin. Chegaríamos, rapidamente, a uma estratificação da distribuição de cuidados. Aqueles que até então estavam acessíveis ao público, às vezes com alguns erros de atribuição (certos esquizofrênicos tratados com sessões cotidianas de psicoterapia, contabilizadas como notas de gastos com cuidados de saúde reembolsáveis), seriam a partir de então hierarquizados e a desigualdade de classes com relação aos cuidados de saúde se acentuaria ainda mais; a psicanálise ficaria então reservada à classe média abonada (*upper middle class*).

Quando a saúde pública está em jogo, mais ainda no campo tão delicado da saúde mental, seria bem imprudente legislar sem abrir, por mínimo que seja, o debate ao público. A conjunção temporal entre a votação da emenda Accoyer e a entrega do relatório Cléry-Melin apenas acentuou o penoso do episódio e o fez ser qualificado como emboscada.

Seria, porém, não deter-se em juízos quanto a intenções. Convém que a emenda Accoyer seja agora retirada. Ela terá tido o mérito de despertar os psicanalistas e, além deles, todos aqueles que não acreditam que os caminhos do futuro de nossas sociedades possam ser traçados pelo cálculo clandestino de avaliadores com pretensão universal.

Esperemos que o Senado dê ao debate público a oportunidade de se desenvolver em meio à opinião esclarecida.

II. NOTA SOBRE A VERGONHA

Vergonha e culpa

"Morrer de vergonha" é o significante pelo qual Lacan começava sua última lição do seminário *O avesso da psicanálise*: "Morrer de vergonha, cabe dizer, é um efeito raramente obtido."[*] Não é por acaso que o termo vergonha ali se encontra como ponto de partida, já que Lacan conclui essa lição dizendo: "... se a presença de vocês aqui, tão numerosos, se deve a razões um pouco menos que ignóbeis, é que me acontece provocar-lhes vergonha."

Éric Laurent fez uma explanação particularmente estimulante,[1] questionando se cabe de fato ao psicanalista exagerar nessa vergonha, e se, ao fazê-lo, ele não se colocaria no lugar de um moralista. Isso o levou a introduzir o tema da culpa: "A vergonha é um afeto eminentemente psicanalítico que faz parte da série da culpa." Essa explanação oferecia um viés não sobre a atualidade de 1970, sensivelmente diferente da nossa, marcada pela florescência, pelo excitamento de uma contestação da qual éramos contemporâneos, mas sobre uma antecipação da fase moral em que teríamos entrado depois da queda do Muro de Berlim, gerando "um desfraldar de desculpas, lamentos, pedidos de perdão, arrependimentos", a ponto de sentir vergonha ter se tornado um sintoma mundial. Ele atenuou essa construção e abriu outra via, enfatizando que Lacan escolhera pontuar a vergonha, mais que a culpa, acrescentando também que este "provocar vergonha" não supunha perdão. Na semana passada, tive vontade de comentar sobre essa disjunção entre vergonha e culpa. Por que a vergonha e a culpa ao mesmo tempo

[*] *L'Orientation Lacanienne*, III, 4, 5 jun 2002. Texto e notas estabelecidos por Catherine Bonningue.

se aproximam e se separam? De fato, foi com o termo vergonha, e não culpa, que Lacan escolheu concluir um seminário, no qual quis situar o discurso analítico no contexto do momento, então atual, da civilização contemporânea. No seminário *O avesso da psicanálise,* Lacan nos apresentou uma nova edição implícita do *Mal-estar da civilização*, depois de tê-lo feito de modo mais explícito em seu seminário sobre *A ética da psicanálise,* permitindo-nos, assim, avaliar o deslocamento que se produz de um para o outro.

Sem dúvida uma nova relação entre o sujeito e o gozo foi urdida nesse intervalo. A novidade dessa relação fica clara se nos referirmos à *Ética da psicanálise,* quando Lacan pôde dizer, sem suscitar objeções: "O movimento no qual o mundo em que vivemos está arrastado ... implica uma amputação, sacrifícios, ou seja, este estilo de puritanismo na relação com o desejo que se instaurou historicamente."[2] Em 1960, ainda se podia dizer que o capitalismo — termo em desuso por não ter um antônimo — estava alinhado com o puritanismo. Sem dúvida, por trás dessa palavra saída da boca de Lacan, havia seu conhecimento das análises de Max Weber, retomadas, corrigidas, mas não verdadeiramente invalidadas pelo historiador inglês Tawney, que condicionavam a emergência do sujeito capitalista a uma repressão do gozo.[3] Acumular em vez de gozar.

O que se delineia na segunda retomada do tema do mal-estar da civilização, em *O avesso da psicanálise,* é a caducidade do diagnóstico que ele poderia fazer sobre o movimento no qual o mundo está sendo arrastado, e que seria marcado com o estilo puritano, ao passo que o novo, caso seja marcado com um estilo, seria, antes, o da permissividade, e o que eventualmente causa dificuldade é proibir proibir.

O mínimo que se pode dizer é que o capitalismo se dissociou do puritanismo. É por esse viés que o discurso de Lacan é, segundo os termos de Éric Laurent, o que mais se antecipa. Em termos lacanianos, isso está dito no último capítulo de *O avesso da psicanálise* do seguinte modo: "Não há mais vergonha." Acompanho Éric Laurent nessa pontuação do termo vergonha a ponto de dizer que, com isso, se revela a questão trabalhada em *O avesso da psicanálise,* o mapa só tendo sido invertido no último encontro.

O que resta à psicanálise quando não há mais vergonha, quando a civilização tende a dissolver, a suprimir vergonha? O que não deixa de ser um paradoxo, pois é tradicional dizer que a civilização tem interesse na instauração da vergonha.

Talvez possamos formular que a vergonha é um afeto primário da relação com o Outro. Dizer que esse afeto é primário é, sem dúvida, querer diferenciá-lo da culpa. Se quiséssemos nos engajar nessa via, diríamos que a culpa é o efeito, sobre o sujeito, de um Outro que julga, portanto um Outro que encerra valores que o sujeito teria transgredido. Nessa mesma linha, diríamos que a vergonha tem relação com um Outro anterior ao Outro que julga, um Outro primordial que não julga, apenas vê ou dá a ver. A nudez pode assim ser considerada vergonhosa e coberta — de modo parcial, se a vergonha incide sobre tal ou tal órgão —, independentemente de tudo o que seria da ordem do delito, do dano, da transgressão gerados por ela. Aliás, é dessa maneira imediata que ela é introduzida em uma das grandes mitologias religiosas que condiciona, ou condicionava, o movimento de nossa civilização.

Poderíamos também propor que a culpa é uma relação com o desejo, ao passo que a vergonha é uma relação com o gozo que se aproxima do que Lacan, em "Kant com Sade", chama "o mais íntimo do sujeito". Ele enuncia isso a respeito do gozo sadiano, na medida em que ela atravessaria a vontade do sujeito para ir se instalar em seu mais íntimo, no que lhe é mais íntimo que sua vontade, para provocá-lo mais além de sua vontade e mais além do bem e do mal, atingindo seu pudor — termo antônimo da vergonha.

Lacan qualifica esse pudor de modo ao mesmo tempo surpreendente e enigmático, dizendo que ele é "amboceptivo das conjunturas do ser". "Amboceptivo" quer dizer que o pudor é ligado, se prende, tanto do lado do sujeito quanto do Outro. Ele está duplamente conectado ao sujeito e ao Outro. Quanto às conjunturas do ser, é a relação com o Outro que faz a conjuntura essencial do ser do sujeito, e que se demonstra na vergonha. Lacan explicita isso dizendo que "o impudor de um viola o pudor do outro".

Nessa relação inaugural, não há somente vergonha do que sou ou do que fiz, mas, se o outro ultrapassa os limites do pudor, é o meu pudor que se encontra, por isso mesmo, atingido. É um modo de provocar vergonha que não é exatamente o prescrito por Lacan no final de seu Seminário. Aqui, a experiência da vergonha descobre uma espécie de "ambocepção", ou uma pseudocoincidência, entre o sujeito e o Outro.

Olhar e vergonha

Em seu Seminário *Os quatro conceitos fundamentais da psicanálise*, Lacan refere-se a um episódio da emergência da vergonha que se tornou célebre. Trata-se do que foi descrito por Sartre, em *O ser e o nada*, sobre o olhar, e que se passa em dois momentos. Primeiro: "Estou olhando pelo buraco da fechadura." Segundo: "Escuto passos no corredor: tem gente me olhando. E então sou tomado pela vergonha." É o relato de uma emergência do afeto de vergonha descrito como uma deposição do sujeito. Enquanto ele está ali "olhando pelo buraco da fechadura", ele é "puro sujeito espectador, absorvido pelo espetáculo, desocupado de si mesmo". Ele não está "consciente de si próprio sobre o modo posicional", diz ele em sua linguagem, e, propriamente falando neste "olhando pelo buraco da fechadura", eu não sou nada". Ele tenta nos descrever um momento de *fading* do sujeito, que poderíamos escrever com o símbolo lacaniano $\$$.

O segundo tempo, conectado ao som, faz surgir o olhar como tal. Aqui se pode ver claramente por que os passos são necessários. Sartre quer apreender o sujeito antes que ele reconheça aquele que irá vê-lo. É antes de captar o rosto dele que Sartre formula para si mesmo: "tem gente me olhando". Olhar anônimo. Por trás desse "gente" esconde-se, sem dúvida, na álgebra lacaniana, o olhar do Outro. E Sartre tanto descreve a decadência do sujeito — antes eclipsado em sua ação e que se torna objeto, vendo-se então a si próprio, por meio dessa mediação, como objeto no mundo —, quanto tenta apreender a queda do sujeito em um *status* de rebotalho vergonhoso. Aqui se introduziria a vergonha: "Reconheço que sou esse objeto que o Outro olha e julga. Eu sou esse ser-em-si."

$$\$ \rightarrow (a)$$

A conjunção sartriana do olhar com o juízo é o que talvez deva ser questionado ou abalado, visto que aqui se cumpre algo como o deslizamento da vergonha para a culpa. Dizer: "Eu sou esse ser-em-si", quer dizer que estou cortado do tempo, cortado do projeto. Sou apreendido no presente, em um presente despojado de minha transcendência, de minha projeção para meu futuro, rumo ao sentido que essa ação poderia ter e que permitiria justificá-la. O juízo é também outra coisa. Para julgar, é preciso começar a falar. Posso ter boas razões para olhar pelo buraco da fechadura. Talvez seja o que acontece do outro lado que deva ser julgado e reprovado. Um presente despojado de toda transcendência.

Relembro esse episódio apenas para dar um fundo, uma ressonância ao diagnóstico de Lacan que figura nessa última lição do Seminário *O avesso da psicanálise:* "Não há mais vergonha." Isso se traduz assim: estamos na época de um eclipse do olhar do Outro como portador da vergonha.

Olhar e gozo

Éric Laurent, através de uma intuição e uma construção impressionantes, remeteu ao último capítulo de *O avesso da psicanálise* a formulação endereçada por Lacan aos estudantes de Vincennes, representando o sublime, o ardor da contestação da época: "Olhem eles gozando." Ele marcou que esse convite, esse imperativo, estava repercutido, hoje, nesta febre da mídia, um tanto decaída, aliás, mas que guarda seu sentido como fato de civilização: os *reality shows* — *Loft Story.*

Esse "olhem eles gozando", convoca o olhar, que outrora era eminentemente a instância suscetível de provocar vergonha. Se é preciso convocar o olhar na época em que se expressa Lacan, é porque o Outro que poderia olhar se dissipara. O olhar solicitado hoje ao se fazer espetáculo da realidade — e toda a televisão é um *reality show* — é um olhar castrado de seu poder de provocar vergonha, o que se demonstra constantemente. É como se essa apreensão do espetáculo televisual tivesse como missão, em todo caso como conseqüência inconsciente, demonstrar que a vergonha está morta.

Se pudermos imaginar que Lacan evocava esse "olhem eles gozando" em 1970, como uma tentativa para reanimar o olhar que provoca vergonha, não podemos mais pensá-lo para os *reality shows.* O olhar que é ali distribuído — basta clicar para dispor dele — é um olhar que não mais provoca vergonha. Certamente não é mais o olhar do Outro que poderia julgar. O que se repercute nessa vergonhosa prática universal é a demonstração de que o olhar de vocês, longe de provocar vergonha, não passa de um olhar que goza também. É: "olhem eles gozando para gozarem disso".

Por meio dessa abordagem proposta por Éric Laurent, descobre-se o espetáculo do qual se quis até fazer a insígnia da sociedade contemporânea, chamando-a, como Guy Debord, *A sociedade do espetáculo.* O segredo do espetáculo consiste em que são vocês que o olham, porque gozam dele. São vocês como sujeitos que olham, e não o Outro. Essa televisão repercute que o Outro não existe. Por isso é que podemos ouvir, nas harmônicas da formulação de Lacan, a *mise en scène* das conseqüências da morte de Deus, tema ao qual Lacan dedicou o que constitui um capítulo de *A ética da psicanálise.*[4] O que Lacan circunscreve, e com o que teremos de nos haver, já que é uma antecipação do caminhar de nossa atualidade, é a morte do olhar de Deus. Vejo o testemunho disso, talvez sustentado nesta frase verdadeiramente *à la* Lacan, que figura na última lição: "Reconheçam por que Pascal e Kant se agitavam de um lado para o outro como dois serviçais, a ponto de bancarem Vatel em relação a vocês."

A morte do Outro

Vatel é agora mais bem conhecido que antigamente, graças a um filme no qual o personagem é encarnado por Gérard Depardieu.[5] François Vatel ficou famoso através da *Correspondência* de Mme de Sévigné, conhecida, pelos que são versados no assunto, como a avó de Marcel Proust. *Maître-d'hôtel*, organizador de festas, passa a prestar serviços ao príncipe Condé em abril de 1671. Condé convida toda a corte para passar três dias em seu castelo. O serviço fica a cargo de Vatel. Conforme o testemunho de Mme de Sévigné, ele não dorme durante doze noites consecutivas. Acrescente-se a isso, dizem, uma decepção amorosa, encarnada, no filme, por uma estrela que mostra tudo o que ele vem a perder na ocasião. Vatel havia previsto uma dezena de cargas de peixes e frutos do mar, e eis que chegam apenas duas. Ele se desespera — fica visivelmente deprimido —, está convencido de que uma falha sua estragou a festa. Sobe para seu quarto, fixa uma espada na maçaneta da porta e se atira contra ela duas ou três vezes para ser trespassado e morrer, deixando, assim, seu nome na história. Lacan não viu o filme, ele é muito recente. No entanto, é o nome de Vatel que lhe ocorre como o paradigma daquele que morreu de vergonha, e que estava bastante relacionado com esse "morrer de vergonha", embora Vatel não fosse nada nobre. Mas, como enfatiza Lacan, ele era um serviçal, um serviçal inserido no mundo em que há algo de nobre.

E Lacan compara Pascal e Kant com Vatel, vendo-os à beira do suicídio por causa da vergonha, agitando-se de um lado para o outro, construindo seu labirinto para escapar disso. Em relação a que Pascal e Kant estavam atormentados pela vergonha de viver, agitando-se para fazer existir o olhar do Outro, aquele sob o qual se pode ser levado a morrer de vergonha? Lacan indica isso *en passant:* "Faltou verdade, ali, durante três séculos." Ele diz isso no século XX, mas referindo-se ao XVII.

Não é esse o sentido da famosa aposta de Pascal que aqui se revela para nós? A aposta de Pascal é, de fato, um esforço para sustentar a ex-sistência do Outro. É um ardil, uma agitação, a fim de chegar a formular que, com efeito, há um Deus com o qual vale a pena — como diz Lacan em outra parte desse seminário — apostar tudo do mais-de-gozar. Não podemos descansar sobre o fato de que há Deus, é preciso pôr algo de si através da aposta. A aposta de Pascal é sua maneira de pôr algo de si para sustentar a ex-sistência do Outro.

O que quer dizer a aposta senão que temos de jogar a própria vida como cacife no jogo? É como um objeto *a* que se põe no jogo como cacife, aceitando que ele possa ser perdido, a fim de ganhar a vida eterna. Esse Deus precisa da aposta para existir. Se fazemos esse esforço, se é preciso essa muleta da aposta, é porque, afinal, esse Deus está tremendo nas bases, se assim posso dizer, ele não consegue mais se manter exatamente em seu lugar. Isso supõe que o Outro do qual se trata é um outro que não é barrado. Espera-se que ele resista.

Do lado de Kant, para andar rápido, não se trata de aposta, mas de hipóteses. Na *Crítica da razão prática,* tanto a imortalidade da alma quanto a existência de Deus são engendradas, não a título de certezas, mas a título de hipóteses necessárias para que a moralidade tenha um sentido. Nessa linha, pode-se dizer que Pascal e Kant fizeram um grande esforço. Eles se empenharam, se assim ouso dizer, trabalharam — por isso é que são situados, de preferência, do lado do serviçal — para que o olhar do Outro conservasse um sentido, ou seja, para que a vergonha existisse e para que houvesse alguma coisa para além da vida pura e simples.

Vergonha e honra

Foi referindo-se ao grande esforço patético desses grandes espíritos que Lacan inscreveu o que era então Vincennes, que ele chamava, na época, "obscena", e que ele percebeu, em 1970, como um lugar onde a vergonha não estava mais em circulação. Ele se arriscou em Vincennes. Lacan o disse de maneira suficientemente ardilosa para que ninguém gritasse. Como ele via isso? Como uma renúncia ao que ainda era a agitação patética de Pascal e Kant por assumir a inexistência da vergonha. É uma ironia da história que Lacan tenha sido inserido nas fileiras dos cúmplices do pensamento de 68. Não se leu nada que fosse tão severo para com as idéias de 68, mas, no âmbito dessa severidade, o tom era amistoso. Sem dúvida, foi o que não se perdoou a Lacan.

Por que, perguntava Éric Laurent — e ele respondeu —, o desaparecimento da vergonha na civilização deveria mobilizar um psicanalista? Tomando o viés de Vatel, podemos responder: porque o desaparecimento da vergonha muda o sentido da vida. Muda o sentido da vida porque muda o sentido da morte. Vatel morre de vergonha, morreu pela honra, em nome da honra. Eis aí o termo que faz *pendant* com o termo vergonha. A vergonha coberta pelo pudor, mas exaltada, realçada pela honra.

Quando a honra é um valor que resiste, a vida como tal não prevalece sobre ela. Quando há honra, a vida pura e simples é desvalorizada. Essa vida pura e simples é o que se exprime tradicionalmente nos termos *primum vivere*. Primeiro viver, depois se verá por quê. Salvar a vida como um valor supremo. O exemplo de Vatel aí está para dizer que mesmo um serviçal pode sacrificar sua vida pela honra. O desaparecimento da vergonha instaura o *primum vivere* como valor supremo, a vida ignominiosa, a vida ignóbil, a vida sem honra. Por isso Lacan evoca, no final dessa terceira lição, razões que poderiam ser "menos que ignóbeis".

Isso pode ser articulado em matema. O matema em jogo é a representação do sujeito por aquilo que Lacan constrói, nesse seminário, como o significante-mestre, S_1.

$$\frac{S_1}{\not{S}}$$

O desaparecimento da vergonha quer dizer que o sujeito cessa de ser representado por um significante que valha. Por isso Lacan apresenta, no início dessa lição, o termo heideggeriano ser-para-morte, como "o cartão de visita por meio do qual um significante representa um sujeito para um outro significante". Ele dá a esse S_1 o valor do cartão de visita que é "o ser-para-morte". A morte não é pura e simples. É a morte condicionada por um valor que a torna superior, e, quando esse cartão é rasgado, diz ele, é uma vergonha. Pouco nos importa o destino, já que é através de sua inscrição como S_1 que o sujeito pode ser engrenado em um saber e uma ordem do mundo em que ele tem seu lugar, eventualmente de *maître-d'hôtel*, mas que, todavia, lhe cabe sustentar. No momento em que ele não mais preenche sua função, ele desaparece, ou seja, sacrifica-se ao significante que lhe era destinado encarnar.

$$\frac{S_1}{\not{S}} \rightarrow S_2$$

Quando chegamos ao ponto em que todo mundo rasga seu cartão de visita, ao ponto em que há mais vergonha, isso põe em questão a ética da psicanálise. Todo o Seminário *A ética da psicanálise*, e o exemplo tomado de Antígona, mostra, ao contrário, que a operação analítica supõe um mais-além do *primum vivere*. Ela supõe que o homem, como Lacan se expressava então, tenha uma relação com uma segunda morte. Não apenas com uma única morte, não com a morte pura e simples, mas com uma segunda morte. Uma relação com o que ele é enquanto representado por um significante. Por nada no mundo isso deve ser sacrificado. Aquele que sacrifica sua vida sacrifica tudo, exceto o que está ali, no mais íntimo, no mais precioso de sua existência.

Lacan buscará o exemplo disso na tragédia de Édipo, precisamente quando ele entra na zona do entre-duas-mortes, onde renuncia a tudo. Ele não passa de um dejeto acompanhado de Antígona. Fura os olhos e, então, todos os bens deste mundo desaparecem para ele. Mas, como observa Lacan: "Isso não o impede de exigir as honras devidas à sua posição."[6] Na tragédia, não se dá a Édipo aquilo a que ele tem direito depois do sacrifício de um animal — há partes valorizadas, outras menos —, não lhe dão o que lhe cabe e, no momento em que ele já passou para além do primeiro limite, ele assinala o que é uma falta para com sua honra como uma injúria intolerável, diz Lacan. No exato momento em que abandona todos os seus bens, ele afirma a dignidade do significante que o representa.

O outro exemplo tomado por Lacan nesse sentido, o do rei Lear, vai na mesma direção. Trata-se também de um personagem que abandona tudo, mas que, tendo abandonado todo seu poder, continua apegado à fidelidade dos seus e ao que Lacan chama um pacto de honra.

O Seminário *A ética da psicanálise*, se não de uma ponta a outra, pelo menos depois de seu primeiro terço, supõe a diferença entre uma morte que consiste em fechar os olhos e a morte do ser-para-a-morte. A morte do ser que quer a morte está em relação com o significante-mestre. É uma morte arriscada, querida ou assumida em relação com a própria transcendência do significante. A partir da ênfase tão singular posta por Lacan sobre o "morrer de vergonha"e sobre o "provocar vergonha" — que causava horror, ou que parecia deslocada, dizia Éric Laurent a um colega psicanalista —, o significante honra, a palavra honra continua a ter seu pleno valor para Lacan, no exato momento em que ele tenta fundar o discurso analítico.

Eu me perguntava: "Honra, honra, onde é que ele diz isso?" Nós o encontramos, por exemplo, de saída, quando ele faz o resumo de um de seus últimos seminários, ... "ou pior": "Outros.. s'uspioram [*s' ...oupirent*]. Aposto em não fazer dele uma honra para mim."[7] Essa palavra "honra" concorda com toda a configuração que esbocei. Não é somente a honra de Lacan, Jacques, uma vez que ele acrescenta: "Trata-se do sentido de uma prática que é a psicanálise." O sentido dessa prática não é pensável sem a honra, não é pensável se não funciona ao avesso da psicanálise que é o discurso do mestre e o significante-mestre instalado em seu lugar. Para fazer o sujeito cuspi-lo, é preciso primeiro que ele tenha sido marcado. A honra da psicanálise decorre do laço mantido do sujeito com o significante-mestre.

Essa "honra" não é um hápax. Por exemplo, Lacan sente necessidade de justificar por que se interessa por André Gide. Gide merece esse interesse porque Gide se interessava por Gide, não no sentido de um vão narcisismo, mas porque Gide era um sujeito que se interessava por sua singularidade, não importando quão pobre ela fosse. Talvez não haja melhor definição daquele que se propõe a ser analisante. O mínimo que se pode pedir é que ele se interesse por sua singularidade, uma singularidade que não se deve a nada senão a esse S_1, ao significante que lhe é próprio. Lacan, não tendo ainda elaborado o significante-mestre em seu formalismo, designa-o, no texto sobre Gide, como o "brasão" do sujeito, termo que ali está para ressoar com o de honra: "O brasão que o fogo de um encontro imprimiu no sujeito." Ele diz também: "O selo não é somente uma marca, mas um hieróglifo" etc.[8]

Cada um desses termos poderia ser estudado em seu valor próprio. A marca é simplesmente uma marca natural, o hieróglifo se decifra, mas ele enfatiza que, em todos os casos, é um significante, e seu sentido é não o ter. Pode-se antecipar que essa marca singular é o que ele chamará, mais tarde, o significante-mestre que marca o sujeito com uma singularidade inefável.

Singularidade

Na época, Lacan não vacilava em dizer que esse respeito pela própria singularidade, essa atenção para com a sua singularidade significante, é o que faz do sujeito um mestre. Ele a opõe a todas as sabedorias que têm, ao contrário, aparência de escravo. Essas sabedorias que valem para todos, essas supostas artes de viver, instauram-se todas ao negligenciar, em cada um, a marca individual que não se deixa absorver no universal proposto. Ao dissimularem a marca de ferro, essas sabedorias são içadas por meio desse peso, desse disfarce, razão pela qual Lacan lhes imputa uma aparência de escravo.

Em *O avesso da psicanálise*, na operação analítica trata-se, sem dúvida, de separar o sujeito de seu significante-mestre. Mas isso supõe que ele saiba que tem um e o respeite.

Nesse sentido, darei todo valor ao que Lacan diz na passagem de seu texto sobre Gide: "interessar-se por sua singularidade, eis a chance da aristocracia". Aí está um termo que não temos por hábito fazer ressoar e que, no entanto, se impõe, quando retomamos a posição de Lacan diante desse fato de civilização que foi Vincennes. Tudo indica que o que ele lá encontrou ele o classificou no registro do ignóbil e que, diante da emergência de um lugar onde a vergonha havia desaparecido, teve uma reação aristocrata. Para ele, essa aristocracia é justificada porque o desejo é parte interessada no significante-mestre, ou seja, na nobreza. Por isso, diz ele no texto sobre Gide: "O segredo do desejo é o segredo de toda nobreza." O S_1 de vocês, contingente, por mais pobres que sejam, os põe à parte. E a condição para ser analisante é ter o sentido do que os põe à parte.

Remontando mais longe no tempo, é algo como uma reação aristocrata que motiva as objeções sempre multiplicadas por Lacan, diante das objetivações às quais a civilização contemporânea obriga o terapeuta ou o intelectual, o pesquisador. Vejam, por exemplo, o que ele apresenta como a análise do eu do homem moderno, uma vez saído do impasse de bancar a bela alma que censura o curso do mundo, quando ele próprio participa de sua desordem.[9] Como ele o descreve? De um lado, o homem moderno participa do discurso universal, colabora para o avanço da ciência, sustenta seu lugar como deve, e, ao mesmo tempo, esquece sua subjetividade, esquece sua existência e sua morte. Ele ainda não dizia "ele assiste à televisão", mas tratava-se de romances policiais etc.

Tem-se aqui uma espécie de crítica delineada a partir do que Heidegger chamava de existência inautêntica, o reino do *on* ("se" ou o indeterminado "a gente"). Aliás, havia no existencialismo — mesmo no sartriano, o que comportava essa crítica do inautêntico — também uma pretensão aristocrata. Não se esquecer do que há de absolutamente singular em sua existência e em sua morte. Aqui, Lacan evoca — não é preciso procurar nem interpretá-lo —, em contraste com o eu do homem moderno, o que ele chama subjetividade criadora, a que milita, diz ele, para renovar o poder dos símbolos.[10] Ele diz também, *en passant*: "Essa criação é sustentada" — a criação subjetiva, enquanto a massa rotineira recita os símbolos, vê-se sem saída e apaga sua própria subjetividade no supérfluo — "por um pequeno número de sujeitos."[11]

Assim que formula esse pensamento, pede para que não se confie nele, trata-se de uma "perspectiva romântica". Contudo, não podemos esquecer que Lacan se inscreve entre esse pequeno número de sujeitos.

Assim, ele pôde formular em *Televisão*, no momento em que prega o fim do discurso capitalista: "Isso só constituirá um progresso para alguns." A formulação diz claramente que o primeiro pensamento que ali se apresentou é apenas para alguns e não para todos. O limite desse pequeno número é o que Lacan assinalava como pensamento ridículo, do qual é preciso se separar: "pelo menos eu".

No desfecho sugerido por Lacan, no final de *O avesso da psicanálise*, percebo os vestígios, a expressão de seu debate com a aristocracia, de seu debate com a nobreza que é a nobreza do desejo. A questão proposta por ele sobre a psicanálise é: o que aconteceu com a psicanálise nos tempos em que a nobreza se eclipsou? Não nos esqueçamos de que, quando ele modificava o discurso do mestre para fazer dele o discurso do capitalista, ele invertia esses dois termos e inscrevia o $\not{S}$ sobre a linha, ou seja, um sujeito que não tem mais um significante-mestre como referente.

$$\frac{\not{S}}{} \quad \frac{S_1}{\not{S}} \rightarrow S_2$$

Isso é confirmado, no último capítulo de *O avesso da psicanálise*, por uma referência muito precisa à *Fenomenologia do espírito,* de Hegel, à dialética entre a consciência nobre e a consciência vil, que é a verdade da consciência nobre. Ele se apóia nisso para formular que a nobreza está destinada a passar para a vilania, para a baixeza. O tempo da nobreza desemboca no tempo em que não há mais vergonha. Por isso, Lacan pôde dizer aos estudantes, aos contestatários de seu público: "Quanto mais vocês forem ignóbeis, melhor isso caminhará."

Vê-se bem por que ele podia falar sobre ignomínia aos estudantes que se comprimiam em seu Seminário. Ele explica isso de modo indireto: "Doravante, como sujeitos, vocês serão rotulados de significantes que são apenas significantes contáveis, e que apagarão a singularidade do S_1." Começou-se a transformar a singularidade do S_1 em unidades de valor. De certo modo, o significante-mestre é a unidade de valor singular, a que não se cifra, que não entra num cálculo em que se é pesado. Foi nesse contexto que ele se propôs a provocar vergonha, mas um "provocar vergonha" que nada tem a ver com a culpa. Provocar vergonha é um esforço para restaurar a instância do significante-mestre.

A honestidade

Sem dúvida houve um momento na história em que o valor da honra se viu usado e depois esvaziado. Isso foi pranteado durante séculos. Essa honra nunca deixou de ser remanejada e minguar. Se a civilização que a portava era a civilização feudal, vê-se, pouco a pouco, essa honra contorcer-se, agitar-se, ser capturada pela corte, e analisada por Hegel no que diz respeito à consciência vil e à consciência nobre. Kojève assim o lia e, sem dúvida, Lacan também. É a referência à história da França: a honra capturada pela corte, depois da loucura da Fronda, última resistência de uma antiga forma de honra, antes que ela desembocasse na cortesania, o que se cumpriu, em seguida, no decorrer do século XVIII, ou seja, a renúncia à virtude aristocrática para triunfo dos valores burgueses.

O que era a virtude aristocrática em sua época? Um significante-mestre resistindo o suficiente para que o sujeito nele apoiasse sua auto-estima, e, ao mesmo tempo, envolvendo a autorização e o dever de afirmar não sua igualdade, mas sua superioridade sobre os outros. Assim, reciclou-se a magnanimidade, valor aristotélico, na moral aristocrática. Nós a encontramos em Descartes, em seu *Tratado das paixões,* sob a forma da generosidade.

É nisso que o super-homem nietzschiano encontra sua ancoragem histórica. Essa virtude aristocrática é parte interessada no heroísmo. Embora Lacan modere isso — "cada um é ao mesmo tempo o herói e o homem comum, e os objetivos que ele pode se propor como herói, ele os realizará como homem comum" —, um personagem central que ele desloca em *A ética da psicanálise* é o do herói detentor da virtude aristocrática e, em particular, daquela que permite — isso é o bê-á-bá — ir mais além do *primum vivere.*

As virtudes daquilo que emergiu como o homem moderno implicam renunciar à virtude aristocrática e ao fato de que ela obrigava a enfrentar a morte. Um dos lugares onde isso se cumpre é na obra de Hobbes, em que ainda se venera a virtude aristocrática, deduzindo, ao mesmo tempo, que o laço social é estabelecido, antes de tudo, sobre o medo da morte, isto é, sobre o oposto da virtude aristocrática. Os espíritos cultos referem-se a esse discurso nos tempos atuais, quando se percebe que o fundamental para o homem moderno é a segurança. Significa afirmar que o heroísmo não tem mais sentido.

Foi então que vimos nascer novas virtudes, eventualmente propostas, como a que os americanos chamam *greed,* a avidez. A frase célebre dos anos 1980 foi: "*Greed is good*", "Avidez é bom". O capitalismo funciona graças à avidez, assim como o reino que não pára de se expandir: o cálculo do custo-benefício. Quando nos propõem, o tempo todo, avaliações da operação analítica, isso nada mais é do que o reino do cálculo custo-benefício avançando sobre a psicanálise.

Não façamos disso nosso cavalo de batalha. Há lugar para o que Lacan chama — na primeira página da última lição — honestidade. Trata-se de uma referência muito precisa a Hegel, que, no decorrer de sua dialética entre consciência vil e consciência nobre, evoca, no momento em que isso se desfaz, a consciência honesta, ou seja, a consciência em repouso, a que toma "cada momento como uma essência que permanece" — tudo está em seu lugar — e "que canta a melodia do bem e da verdade". A isso, Lacan opõe as dissonâncias que a consciência dilacerada faz ouvir, cujo paradigma é *O sobrinho de Rameau*. Essa consciência dilacerada manifesta-se pela derrubada perpétua de todos os conceitos, de todas as realidades, que estampa o engodo universal — engodo de si, engodo dos outros — e atesta também o que Hegel chama a impudência de se dizer esse engodo.

O sobrinho de Rameau é a grande figura que emerge do intelectual desavergonhado — e, talvez, Diderot o tenha guardado na gaveta por vergonha —, em relação ao qual aquele que diz "eu", na obra, encontra-se na posição da consciência honesta, que vê suas formulações serem derrubadas e desnaturadas pelo exaltado sobrinho de Rameau, além de ser ludibriado. Em Vincennes — que se reproduz no volume sob o nome "Analyticon" —, Lacan se viu na posição do eu em relação ao *Sobrinho de Rameau*. Ele se viu na posição da consciência honesta. Ele se distinguiu ao vomitar os ignóbeis da época em seu seminário.

Lacan definiu o honesto como aquele que preza a honra de não fazer menção da vergonha. Em seu Seminário, ele ultrapassa esse limite. Ele é francamente desonesto ao falar assim a pessoas que o receberam com gentileza. O honesto é evidentemente aquele que já renunciou à honra, ao seu brasão, que gostaria que a vergonha não mais existisse, ou seja, aquele que encobre e vela o real do qual essa vergonha é o afeto.

Ainda que abusivo, não podemos deixar de pensar que o grande honesto ao qual Lacan se referiu, e que, sem dúvida, se mantinha distante da vergonha, foi Freud. Ele podia dizer que "o ideal de Freud era um ideal temperado de honestidade, honestidade patriarcal."[12] Freud se beneficiava ainda do anteparo do Pai e, como Lacan demonstra em seu *O avesso da psicanálise*, longe de rebaixar o Pai, fez todo possível para tentar preservar sua estátua. Fundou, sob novos custos, a noção de um Pai todo amor.

Quando Lacan evoca a honestidade patriarcal do ideal freudiano, a referência que ele toma é Diderot, *O pai de família.*[13] Diderot lhe serve de guia, uma vez que está exatamente sobre a linha de fratura entre o ideal patriarcal e a figura do *Sobrinho de Rameau,* que é a derrisão dessa honestidade patriarcal.

Impudência

Lacan não parou de dizer aos estudantes da época que eles testemunhavam um mundo no qual não havia mais vergonha. Tentou indicar-lhes que, sob seu jeito estouvado, como ele se expressa — há que se ouvir desavergonhado —, eles tropeçavam a cada passo em "uma vergonha de viver gratinada". Uma vez ausente a vergonha censurada, ele lhes mostra haver, contudo, uma vergonha de viver por trás da ausência de vergonha. É o que a psicanálise pode apontar: os desavergonhados são envergonhados. Provavelmente eles contestam o discurso do mestre, a solidariedade entre o mestre/senhor e o trabalhador, cada um sendo parte do mesmo sistema. Ele se refere a *Senatus Populusque Romanus,* o Senado e o povo romano, que se beneficiam, cada um deles, do significante-mestre. Ele assinala a esses estudantes que eles se posicionam com os outros que estão a mais, ou seja, com os dejetos do sistema, não com o proletariado, mas com o subproletariado. Isso é muito preciso e percorre todos esses anos que vivemos desde então. Isso lhe permite deduzir que esse sistema resultante do significante-mestre produz a vergonha. Os estudantes, ao se posicionarem fora do sistema, situam-se na impudência.

Aqui podemos ver o que mudou desde essa época. Estamos em um sistema que não obedece à mesma regulação, porque estamos em um sistema que produz a impudência, não a vergonha, ou seja, um sistema que anula a função da vergonha. Só percebemos isso sob a forma da insegurança, uma insegurança que imputamos ao sujeito que não cai sob a dependência de um significante-mestre. Isso faz com que o momento dessa civilização seja trabalhado pelo retorno autoritário e artificial do significante-mestre, para que cada um trabalhe em seu lugar, caso contrário, se é preso.

Se, no sistema em que se encontrava Lacan, ainda se podia dizer "provocar vergonha", hoje a impudência progrediu muito, tornou-se a norma. O que se obtém ao se dizer ao sujeito: "você se deve alguma coisa?". Não resta dúvida que a psicanálise deve definir sua posição no que diz respeito à reação aristocrata que mencionei. A pergunta que assedia a prática é: será ela para todos?

Eis o debate fundamental de Lacan. Nunca foi verdadeiramente com a *egopsychology*, não foi com os colegas. O debate fundamental de Lacan — isso está claro em *O avesso da psicanálise*, e já o estava em *A ética da psicanálise* — sempre foi um debate com a civilização, uma vez que ela aboliu a vergonha, um debate com o que está em curso de globalização, com a americanização ou com o utilitarismo, ou seja, com o reinado do que Kojève chamava de burguês-cristão.

A via proposta por Lacan era a do significante como portador de um valor de transcendência. O que se condensa em S_1. Aqui também, as coisas foram deslocadas, a partir de *O avesso da psicanálise*, visto que se tocou no que concerne ao significante. A própria fala foi rebaixada no par "escuta e lengalenga". O que se tenta preservar na sessão analítica é um espaço no qual o significante preserve sua dignidade.

O pedido de perdão, evocado por Éric Laurent, pertence mais ao registro da culpa, isto é, ele ajuda a esquecer o registro da vergonha e da honra. Por que pedimos perdão? Nessa prática, um tanto em desuso depois que as coisas se restringiram à insegurança internacional e nacional, queriam que se pedisse perdão pelos S_1, pelos valores que os animaram, sendo todos assassinos ou nocivos. Através desse "pedido de perdão", afirmava-se o *primum vivere*. Nenhum valor do qual vocês se acreditavam ser portadores valia o sacrifício de uma vida. Disso decorre a compatibilidade cuidadosa com os crimes de todas as grandes funções idealizadoras ao longo da história.

Podemos avaliar a diferença entre hoje e a época de *O avesso da psicanálise*. Estamos no ponto em que o discurso dominante determina que não se tenha mais vergonha de seu gozo. Do resto, sim. De seu desejo, mas não de seu gozo.

Esta semana, tive um testemunho extraordinário disso. Encontrei um dos autores do qual falamos esse ano a respeito da contratransferência.[14] Eu lhe comuniquei um dos resultados da leitura minuciosa dos escritos dessa orientação. O quanto, na prática da contratransferência, a atenção apaixonada que o analista dedica aos seus próprios processos mentais parecia ser da ordem de um "gozo". Sempre se hesita em dizer isso diante de um eminente praticante desse tipo de coisa. E, então, para minha surpresa, diz ele: "Mas claro. Trata-se, inclusive, de um gozo infantil."

Notas

Homenagem a Lewis Carroll — Jacques Lacan (p.7-10)

1. Paul Schilder, "Psichoanalytical remarks on *Alice in Wonderland* and Lewis Carroll", *Journal of Nervous and Mental Diseases*, LXXXVII, 1938.

Lacan sobre Lewis Carroll — Sophie Marret (p.11-31)

1. Lewis Carroll, "Através do espelho" (1872), in *Aventuras de Alice no País das Maravilhas* e *Através do espelho — edição comentada*, org. Martin Gardner, ilustrações de John Tenniel, trad. Maria Luiza X. de A. Borges, Rio de Janeiro, Jorge Zahar, 2002, p.143-5. Verso extraído do poema neológico intitulado "Pargarávio" (*Jaberwocky*). [A tradução de todas as citações de *Aventuras de Alice* e *Através do espelho* foram extraídas desta excelente edição brasileira. (N.T.)]
2. Ele devia levar Alice Liddell, filha do deão, para quem criou *Aventuras de Alice*, num passeio de barco para ver a iluminação de Oxford por ocasião do casamento do príncipe de Gales.
3. *The Diaries of Lewis Carroll*, org. R.L. Green, 2 vols. Londres, Cassel and Company, 1953.
4. Lewis Carroll, "Les aventures d'Alice sous terre", trad. fr. Henri Parisot, in *Œuvres*, Paris, Gallimard, 1990.
5. Lewis Carroll, *Aventuras de Alice no País das Maravilhas*, op.cit.
6. Ibid., p. 91
7. Ibid., p. 11
8. Cf. Sophie Marret, *Lewis Carroll: de l'autre côté de la logique*, Presses Universitaires de Rennes, 1995.
9. Lewis Carroll, "La logique symbolique", in *Logique sans peine*, Paris, Hermann, 1966.
10. *The Letters of Lewis Carroll*, org. M.N. Cohen, Nova York, Oxford University Press, 10 vols., 1979, p.1.100.
11. Charles Lutwidge Dodgson, *Euclid and his Modern Rivals*, Londres, Macmillan, 1879.
12. Ernest Coumet, "Lewis Carroll logicien", in *Lewis Carroll, Logique sans peine*, op.cit., p.261-2.
13. Charles Lutwidge Dodgson, *The Pillow Problems* (Londres, Macmillan, 1895), Nova York, Dover, 1958.

14. Jacques Lacan, *Le Séminaire*, livre XVII, *L'envers de la psychanalyse* (1969-1970), texto estabelecido por J.-A. Miller, Paris, Seuil, 1991, p.5. [Ed. bras.: *O Seminário*, livro 17, *O avesso da psicanálise*, Rio de Janeiro, Jorge Zahar, 1992.]
15. Ibid., p.104.
16. Ibid., p.102-3.
17. Lewis Carroll, "Sílvia e Bruno", in *Obras escolhidas*, Belo Horizonte, Itatiaia.
18. Paul Schilder, "Psychoanalytical remarks on *Alice in Wonderland* and Lewis Carroll", *Journal of Nervous and Mental Disease*, LXXXVII, 1938.
19. A primeira edição data de 1865, mas Lewis Carroll mandou retirar de circulação todos os volumes, pois Tenniel e ele não estavam satisfeitos com a qualidade de impressão das ilustrações; foi preciso portanto esperar 1866 para que a obra fosse efetivamente comercializada.
20. Coletivo, "Lewis Carroll", *Cahiers de L'Herne*, nº17, dir. H. Parisot, Paris, L'Herne (1971), 1987.
21. Ibid., p.10.
22. William Empson, "*Alice au pays des merveilles* ou La pastorale d'enfance", *Cahiers de l'Herne*, nº17, op.cit.
23. Phyllis Greenacre, "Charles Lutwidge Dodgson et Lewis Carroll: reconstituition et interprétation d'une évolution", *Cahiers de l'Herne*, nº17, op.cit.
24. Jean Gattégno, *Lewis Carroll*, Paris, Corti, 1970, p.211.
25. Ibid., p.223.
26. Ibid., p.222.
27. Donald Rackin, *Alice's Adventures in Wonderland e Through the Looking-Glass, Nonsense, Sense and Meaning*, Nova York, Twayne, 1991.
28. Kathleen Blake, *Play, Games and Sports: The Literary Work of Lewis Carroll*, Ithaca e Londres, Cornell University Press, 1974.
29. Henri Laporte, *Structures logiques et représentations du désir*, Paris, Mame, 1973.
30. Jean-Jacques Lecercle, *Philosophy of Nonsense*, Londres, Routledge, 1994.
31. Gilles Deleuze, *Logique du sens*, Paris, Minuit, 1969. [Ed. bras.: *Lógica do sentido*, São Paulo, Perspectiva, 2000.]
32. Jacques Lacan, "La sicence et la vérité", in *Écrits*, Paris, Seuil, 1966, p.856. [Ed. bras.: "A ciência e a verdade", in *Escritos*, Rio de Janeiro, 1998, p.870.]
33. Paul Schilder, "Psychoanalytical remarks on *Alice on Wonderland* and Lewis Carroll", *Journal of Nervous and Mental Diseases*, op.cit., p.167.
34. Idem.
35. Jacques Lacan, *Télévision*, Paris, Seuil, 1973, p.51.
36. Cf. Jacques Lacan, "RSI", lição de 14 de janeiro de 1975, *Ornicar?*, nº3, 1975, p.98.
37. Jacques Lacan, *Le Séminaire*, livre XVII, *L'envers de la psychanalyse* (1969-70), op.cit., p.127.
38. Ibid., p.145.
39. Ibid., p.135.
40. Jacques Lacan, *Télévision*, op.cit., p.9. [Ed. bras.: p.508.]
41. Lewis Carroll, "Sylvie et Bruno", op.cit., p.404.
42. Lewis Carroll, "La chasse au snark", in *Oeuvres*, op.cit.
43. Lewis Carroll, "Através do espelho", op.cit., p.143-5.
44. Ibid., p.207.
45. Ibid., p.206-7.
46. Lewis Carroll, "La chasse au snark", op.cit., p.399.
47. Lewis Carroll, "Através do espelho", op.cit, p.204.
48. Jacques Lacan, "Fonction et champ de la parole et du langage en psychanalyse", in *Écrits*, op.cit., p.293. [Ed. bras.: "Função e campo da fala e da linguagem em psicanálise", in *Escritos*, op.cit, p.294.]

49. Lewis Carroll, "La logique symbolique", op.cit., p.62-3.
50. Jean-Jacques Lecercle, *Le dictionnaire et le cri*, Presses Universitaires de Nancy, 1995, p.240.
51. Lewis Carroll, "Sylvie and Bruno" (Londres, Macmillan, 1889), in *The Penguin Complete Lewis Carroll* (1ª ed. Nonesuch Press, 1939), Penguin Books, 1983, p.388.
52. Lewis Carroll, "Alice's Adventures in Wonderland", in *The Annotated Alice*, org. M. Gardner, Harmondsworth, Penguin (1965), 1970, p.129.
53. Ibid., p.94.
54. Jean-Jacques Lecercle, *Le dictionnaire et le cri*, op.cit., p.166, e *The Philosophy of Nonsense*, Londres, Routledge, 1994, p.63-8.
55. Lewis Carroll, "Through the Looking-glass, and What Alice Found There", in *The Annotated Alice*, op.cit., p.270.
56. Ronald D. Sutherland, *Language and Lewis Carroll*, La Hague, Mouton, 1970, p.208.
57. Lewis Carroll, "Através do espelho", in *Alice no País das Maravilhas e Através do espelho*, op.cit., p.143.
58. Ibid., p.145.
59. Lewis Carroll, "Aventuras de Alice no País das Maravilhas", in *Alice no País das Maravilhas e Através do espelho*, op.cit., p.63.
60. Jean-Jacques Lecercle, *The Philosophy of Nonsense*, op.cit., p.140.
61. Lewis Carroll, "La logique symbolique", op.cit., p.170.
62. Lewis Carroll, "Através do Espelho", in *Aventuras de Alice no País as Maravilhas e Através do espelho*, op.cit., p.145.
63. Lewis Carroll, "Aventuras de Alice no País das Maravilhas", in *Aventuras de Alice no País as Maravilhas e Através do espelho*, op.cit., p.45.
64. Ibid., p.47.
65. Idem.
66. Ibid., p.21, e Lewis Carroll, *Alices' Adventures in Wonderland*, op.cit., p.38.
67. Jacques Lacan, "L'objet de la psychanalyse", lição de 15 de dezembro de 1965, inédito.
68. Idem.
69. Ibid., conferência de 1º de junho de 1966.
70. Idem.
71. Jacques Lacan, "La science et la vérité", op.cit., p.877. [Ed. bras.: "A ciência e a verdade", in *Escritos*, op.cit., p.891-2.]
72. Lewis Carroll, "Através do espelho", in *Aventuras de Alice no País as Maravilhas e Através do espelho*, op.cit., p.137.
73. Ibid., p.139
74. Cf. Sophie Marret, "Impossible Alice", in *Alice*, dir. Jean-Jacques Lecercle, Paris, Autrement, col. Figures Mythiques, 1998.
75. Jacques Lacan, "Hommage fait à Marguerite Duras, du ravissement de Lol V. Stein" (1965), *Ornicar?*, nº34, p.9. [Ed. bras.: "Homenagem a Marguerite Duras pelo arrebatamento de Lol V. Stein", in *Outros escritos*, Rio de Janeiro, Jorge Zahar, 2003, p.200.]
76. Ibid., p.205.
77. Lewis Carroll, "Sylvie et Bruno", op.cit., p.404. "*And thus it came to pass that I found myself at last in possession of a huge unwieldy mass of litterature — if the reader will kindly excuse the spelling — which only needed stringing together, upon the thread of a consecutive story.*" Lewis Carroll joga aqui com "*litter*", "detritus", "ordures" e "*literature*", que tem apenas um *t* em inglês.
78. Cf. Jacques Lacan, "Le séminaire sur La lettre volée", in *Écrits*, op.cit., p.25 [ed. bras.: "O seminário sobre 'A carta roubada'", in *Escritos*, op.cit., p.28], e "Joyce, le simptôme I (16 jun 1975), in *Joyce avec Lacan*, dir. Jacques Aubert, Paris, Navarin, 1987, p.26.

Como engolir a pílula? — Éric Laurent (p.32-43)

1. Platão, *Phèdre*, in *Œuvres*, t.2, trad. Louis Robin, Paris, La Pléiade, 1975, p.75.
2. F. Dagognet, *La raison et ses remèdes*, Paris, PUF,1964, p.36.
3. Ibid., p.36-7.
4. Ibid., p.74.
5. J. Lacan, "Conférence sur la psychanalyse et la formation du psychiatre", 1967, inédita.
6. Entrevista de J.-A. Miller a M.-E. Gilio, citada em "Rapport sur le médicament", Documentos preparatórios para as Conversations des Sections Cliniques, Paris, 2 jun 2000, p.51.
7. F. Dagognet, op.cit., p.300.
8. J. Lacan, "Psychanalyse et médicine", 1966, inédito. [Ed. bras.: "Psicanálise e medicina", *Opção Lacaniana*, nº32, São Paulo, 2001, p.8.]
9. "Le médicament", op.cit., p.42.
10. Ibid., p.15 ("Pilulle et désir d'enfant") e p.21 para um sujeito psicótico fixado pelo medicamento a uma causa persecutória de todos seus transtornos.
11. Ibid., p.16.
12. F. Dagognet, op.cit., p.107.
13. Cf. a intervenção de Lacan por ocasião da sessão de encerramento das "Jornadas dos Cartéis" da EFP em 1975.

A psicanálise provoca patologias iatrogênicas? — Jean-Claude Maleval (p.44-56)

1. S. Mulhern, "À la recherche du trauma perdu. Le trouble de la personnalité multiple", in *La règle sociale et son au-delà inconscient*, sob a direção de P.-L. Assoun e M. Zafiropoulos, Paris, Anthropos, 1994, p.237.
2. Ibid., p.248.
3. Ibid., p.250.
4. J.E. Mack, *Abduction*, Nova York, Scribner, 1994. Trad. fr.: *Dossier extra-terrestre. L'affaire des enlèvements*, Paris, Presses de la Cité, 1995.
5. G.K. Ganaway, "Historical truth versus narrative truth: clarifying the role of exogenous trauma in the etiology of multiple personality disorder and its variants", *Dissociation*, 2, 1989, p.205-20.
6. E. Loftus e E. Ketcham, *Le syndrome des faux souvenirs* (1994), Paris, Exergue, 1997.
7. N.P. Spanos, *Faux souvernirs et désordre de la personnalité multiple* (1996), Bruxelas, De Boeck, 1998.
8. B. Brusset, "L'or et le cuivre (La psychothérapie peut-elle être et rester psychanalytique?)", *Revue Française de Psychanalyse*, LV, 3, 1991, p.565.
9. J. Angelergues, "Du divan au face à face, un même métier?", *Revue Française de Psychanalyse*, op.cit., p.605.
10. R. Roussillon, "Épreuve 'd'actualité' et épreuve 'de realité' dans le face à face 'psychanalytique'", *Revue Française de Psychanalyse*, op.cit., p.582.
11. B. Brusset, op.cit., p.561.
12. J. Cournut, "La psychanalyse dans le champ des psychothérapies", Société Psychanalytique de Paris, www.spp.asso.fr
13. T. Nathan, "Éléments de psychothérapie", in T. Nathan, A. Blanchet, S. Ionescu e N. Zadje, *Psychothérapies*, Paris, Odile Jacob, 1998, p.12-3.
14. T. Nathan, *L'influence qui guérit*, Paris, Odile Jacob, 1994, p.95.
15. Ibid., p.11.

16. N. Zadje, "Le traumatisme", in *Psychothérapies*, op.cit., p.237.
17. L. Crocq, *Les traumatismes psychiques de guerre*, Paris, Odile Jacob, 1999, p.308-11.
18. T. Nathan, *L'influence qui guérit*, op.cit., p.31.
19. J.-Cl. Maleval, "Les psychothérapies des hystéries crépusculaires", *Ornicar?*, n°30, 1984, p.46-63, e n°31, p.98-128.
20. T. Nathan, *L'influence qui guérit*, op.cit., p.109.
21. S. Freud, "Psychologie des foules et analyse du moi" (1921), in *Essais de psychanalyse*, Paris, Payot, 1981, p.148. [Ed. bras.: ESB, vol.18.]
22. S. Freud, "La dynamique du transfert" (1912), in *La technique psychanalytique*, Paris, PUF, 1975, p.58.
23. T. Nathan, "Éléments de psychothérapie", in *Psychothérapies*, op.cit., p.95.
24. T. Nathan, *L'influence qui guérit*, op.cit., p.94 e 108.
25. Ibid., p.272.
26. H. Institoris e J. Spenger, *Le marteau des sorcières* (1486), Paris, Plon, 1973, p.494. [Ed. bras.: *O martelo das feiticeiras*, Rio de Janeiro, Rosa dos Tempos, 2002.]
27. T. Nathan, *L'influence qui guérit*, op.cit., p.25.
28. M.L. Smith, G.V. Glass e T.I. Miller, *The Benefits of Psychotherapy*, Baltimore, Johns Hopkins University Press, 1980.
29. J.-M. Fourcade, "Comment former des psychothérapeutes intégratifs et multiréferentiels", in A. Delourme (sob a direção de), *Pour une psychothérapie plurielle*, Paris, Retz, 2001, p.247.
30. A. Delourme, "Le travail du lien", in *Pour une psychothérapie plurielle*, op.cit., p.41.
31. P. Grauer, "Pratique du multiple: les formations extra-universitaires", in A. Delourme, *Pour une psychothérapie plurielle*, op.cit., p.228.
32. F. Roustang, "Tout fait ventre", in A. Delourme, *Pour une psychothérapie plurielle*, op.cit., p.99.
33. T. Nathan, "Éléments de psychothérapie", in T. Nathan, A. Blanchet, S. Ionescu e N. Zadje, *Psychothérapies*, op.cit., p.17.
34. T. Nathan, *L'influence qui guérit*, op.cit., p.11.
35. M. Pagès, "Complexité, conflictualité, intégration", in A. Delourme, *Pour une psychothérapie plurielle*, op.cit., p.66.
36. "O xamã, constata Lévi-Strauss, fornece a seu doente uma linguagem, na qual podem exprimir-se imediatamente estados não formulados, e de outra forma informuláveis", Cl. Lévi-Strauss, "L'éfficacité symbolique" (1949), in *Anthropologie structurale*, Paris, Plon, 1958, I, p.218. [Ed. bras.: *Antropologia estrutural*, vol.I, Rio de Janeiro, Tempo Brasileiro, 1996.]
37. "A psicoterapia, segundo Blanchet, é uma situação de aprendizado no sentido de que o paciente ali é confrontado com um saber que ignora e no qual cedo ou tarde irá se inspirar para melhor pensar e interagir com o meio social.", A. Blanchet, "L'interation thérapeutique", in *Psychothérapies*, op.cit., p.106.
38. J.-A. Miller, "Psychothérapie et psychanalyse", *La Cause Freudienne*, n°22, 1992, p.9. [Ed. bras.: "Psicoterapia e psicanálise", in *Psicanálise ou psicoterapia*, São Paulo, Papirus, 1997.]
39. A. Dazord, "Évaluation des psychothérapies: intérêt de la prise en compte d'éléments relationnels et non spécifiques", in A. Delourme, *Pour une psychothérapie plurielle*, op.cit., p.197.
40. T. Nathan, "Élements de psychothérapie", in *Psychothérapies*, op.cit., p.20 e 30.
41. J.-A. Miller, "Psychothérapie et psychanalyse", op.cit., p.9.
42. J. Lacan, "Petit discours aux psychiatres", conferência inédita no Hospital Sainte-Anne de 10 de novembro de 1967: "Os homens livres, afirmou nesse dia, os verdadeiros, são precisamente os loucos. Não existe demanda do pequeno *a*, ele detém seu pequeno *a*, é o que ele chama suas vozes. E eis por que vocês, com todos os motivos, ficam angustiados em sua presença, é porque o louco é o homem livre. Ele não ocupa o lugar do Outro pelo objeto *a*, ele tem o 'a' à sua disposição."

43. A. Janov, *Le cri primal* (1970), Paris, Flammarion, 1975, p.332.
44. Ibid., p.395.
45. Ibid., p.412.
46. T. Szasz, *L'éthique de la psychanalyse* (1965), Paris, Payot, 1975, p.96.
47. H. von Foerster, "Éthique et cybernétique de second ordre", in Y. Rey e B. Prieur (sob a direção de), *Systèmes, éthique, perspectives en thérapie familiale*, Paris, ESF, 1991, p.10-2.
48. T. Szasz, *L'éthique de la psychanalyse*, op.cit., p.91.
49. A. Zenoni, *Le corps de l'être parlant*, Bruxelas, De Boeck, 1991, p.132-3.
50. A. Bauduin, "Comitê d'étique de la Société Belge de Psychanalyse", *Revue Française de Psychanalyse*, 1988, LII, mai-jun, p.734.
51. D. Weill, "Freud, son éthique et l'éthique", *Revue Française de Psychanalyse*, 1988, LII, 3, p.761.
52. J. Lacan, "Vers un signifiant nouveau", sessão de 19 de abril de 1977, *Ornicar?*, nº17/18, 1979, p.16. [Ed. bras.: "Rumo a um significante novo", *Opção Lacaniana*, nº22, São Paulo, 1998, p.16.]
53. J. Lacan, "Variantes de la cure-type", in *Écrits*, Paris, Seuil, 1966, p.324. [Ed. bras.: "Variantes do tratamento-padrão", in *Escritos*, Rio de Janeiro, Jorge Zahar, 1998, p.326.]

Uma dificuldade na análise das mulheres: a devastação em relação à mãe — Marie-Helène Brousse (p.57-67)

1. Abordei a questão numa exposição feita na École de la Cause Freudienne por ocasião da Jornada dos AE. Recebi indicações preciosas de Éric Laurent e Pierre Naveau.
2. Jacques-Alain Miller, "Cours du 26 janvier 2000", in *Quand les semblants vacillent...*, textos preparatórios para as Jornadas de Estudo da ECF-ACF de 21 e 22 de outubro de 2000.
3. Jacques Lacan, "L'étourdit", *Scilicet*, nº4, Paris, Seuil, 1973, p.21. [Ed. bras: "O aturdito", in *Outros escritos*, Rio de Janeiro, Jorge Zahar, 2003, p.465.]
4. Sigmund Freud, "Quelques conséquences psychiques de la différence anatomique entre les sexes", "Sur la sexualité féminine" (1931), in *La vie sexuelle*, Paris, PUF, 1969, p.126ss. [Ed. bras: respectivamente, ESB, vols.19 e 21.]
5. Sigmund Freud, "Sur la sexualité féminine" (1931), in *La vie sexuelle*, op.cit.
6. Jacques Lacan, *Le Séminaire*, livre V, *Les formatioins de l'inconscient*, Paris, Seuil, 1998. [Ed. bras.: *O Seminário*, livro 5, *As formações do inconsciente*, Rio de Janeiro, Jorge Zahar, 1999.]
7. Ibid., p.271.
8. Idem.
9. Jacques Lacan, "Conférences et entretiens dans les universités nord-américaines", *Scilicet*, nº6/7, Paris, Seuil, 1976, p.13.
10. Jean-Claude Milner, *Les noms indistincts*, Paris, Seuil, p.108.
11. Jacques Lacan, "L'étourdit", op.cit., p.14-6. [Ed. bras: "O aturdito", in *Outros escritos*, op.cit., p.459.]
12. Jacques Lacan, *Télévision*, Paris, Seuil, 1974, p.63-4. [Ed. bras: "Televisão", in *Outros escritos*, Rio de Janeiro, Jorge Zahar, 2003, p.538.]

Uma sexta psicanálise de Freud: o caso Ferenczi — Serge Cottet (p.68-79)

1. Sigmund Freud e Sandor Ferenczi, *Correspondance 1920-1933*, tomo 3, Paris, Calmann-Lévy, 2000.

2. Jacques Lacan, *Le Séminaire*, livre XI, *Les quatre concepts fondamentaux de la psychanalyse*, Paris, Seuil, 1973, p.145. [Ed. bras.: *O Seminário*, livro 11, *Os quatro conceitos fundamentais da psicanálise*, Rio de Janeiro, Jorge Zahar, 2ªed. rev., 1985.]
3. Sigmund Freud e Sandor Ferenczi, *Correspondance 1920-1933*, op.cit., p.429.
4. *Analytica*, nº9, 1978.
5. Era assim que André Gide qualificava Freud.
6. Jacques Lacan, "Du sujet enfin en question", in *Écrits*, Paris, Seuil, 1966, p.232. [Ed. bras.: "Do sujeito enfim em questão", in *Escritos*, Rio de Janeiro, Jorge Zahar, 1998, p.232.]
7. Sigmund Freud e Sandor Ferenczi, op.cit, p.431.
8. Sigmund Freud, "L'analyse avec fin e l'analyse sans fin", in "*Résultats, idées, problèmes*", Paris, PUF, 1985, p.236-7. [Ed. bras.: ESB, vol.23.]
9. Sigmund Freud e Sandor Ferenczi, op.cit., p.501.
10. Éric Laurent, "Le comité castration", in *Ornicar?*, nº16, 1978, p.38.
11. Sigmund Freud e Sandor Ferenczi, op.cit., p.413.
12. Sandor Ferenczi, "Masculin et féminin", in *Oeuvres complètes*, tomo 4, Paris, Payot, 1982, p.75. [Ed. bras.: "Masculino e feminino", in *Psicanálise IV*, São Paulo, Martins Fontes, 1992.]
13. Idem.
14. Sandor Ferenczi, "Thalassa", in *Oeuvres complètes*, tomo 3, Paris, Payot, p.272. [Ed. bras.: "Thalassa", in *Psicanálise III*, São Paulo, Martins Fontes, 1993.]
15. Jacques Lacan, "Congrès sur la sexualité féminine", in *Écrits*, op.cit., p.733. [Ed. bras.: "Diretrizes para um Congresso sobre a sexualidade feminina", in *Escritos*, op.cit. p.742.]
16. Sigmund Freud e Sandor Ferenczi, *Correspondance 1914-1919*, tomo 2, Paris, Calmann-Lévy, 1996, p.135.
17. Sandor Ferenczi, "Perspectives de la psychanalyse", in *Œuvres complètes*, tomo 3, op.cit., p.224. [Ed. bras.: "Perspectivas da psicanálise", in *Psicanálise III*, São Paulo, Martins Fontes, 1993.]
18. Sigmund Freud e Sandor Ferenczi, *Correspondance 1908-1914*, tomo 1, Paris, Calmann-Lévy, p.22.
19. Sigmund Freud e Sandor Ferenczi, *Correspondance 1920-1933*, op.cit., p.179, 185.
20. Sandor Ferenczi, *Journal clinique*, Paris, Payot, p.256. [Ed. bras.: *Diário clínico*, São Paulo, Martins Fontes, 1990.]
21. Jacques Lacan, "Variantes de la cure-type", in *Écrits*, op.cit., p.339. [Ed. bras.: "Variantes do tratamento-padrão", in *Escritos*, op.cit., p.340-1.]
22. Ibid., p.341. [Ed. bras.: p.343.]
23. Sandor Ferenczi, *Oeuvres complètes*, tomo 4, op.cit., p.86. [Ed. bras.: *Psicanálise IV*, São Paulo, Martins Fontes, 1990.]
24. Jacques Lacan, *Le Séminaire*, livre XI, *Les quatre concepts fondamentaux de la psychanalyse*, op.cit., p.145. [Ed. bras.: *O Seminário*, livro 11, *Os quatro conceitos fundamentais da psicanálise*, op.cit.]
25. Sandor Ferenczi, *Journal clinique*, op.cit., p.254.
26. Ibid., outubro de 1932.
27. Ibid., p.258.

Retorno sobre a tese de Lacan: o futuro de Aimée — Dominique Laurent (p.80-100)

1. Jacques Lacan, *De la psychose paranoïaque dans ses rapports avec la personnalité*, Paris, Seuil, 1975. [Ed. bras.: *Da psicose paranóica em suas relações com a personalidade, seguido de primeiros escritos sobre a paranóia*. Rio de Janeiro, Forense, 1987.]

2. Jacques Lacan, "De nos antécédents", in *Écrits*, Paris, Seuil, 1966, p.66. [Ed. bras.: "De nossos antecedentes", in *Escritos*, Rio de Janeiro, Jorge Zahar, p.70.]
3. Jacques Lacan, *De la psychose paranoïaque dans ses rapports avec la personnalité*, op.cit., p.276.
4. Paul Guiraud e B. Cailleux, "Le meurtre immotivé, réaction libératrice de la maladie", *AMP*, nov 1928; Paul Guiraud, "Les meurtres immotivés", *Évolution Psychiatrique*, segunda série, mar 1931.
5. Franz Alexander e H. Staub., *Der Verbrecher und seine Richter*, IPV, 1927.
6. Franz Alexander, "The nevrotic criminal", *Medical Review of Reviews*, nov 1930.
7. Marie Bonaparte, "Le cas de Mme Lefebvre", in *Revue Française de Psychanalyse*, nº1, jul 1927.
8. R. Laforgue e A. Hesnard, "Le processus d'autopunition em psychologie des névroses et des psychoses, en psychologie criminelle et en pathologie générale", *Rapport au Vᵉ Congrés des Psychanalystes de Langue Française*, jun 1930.
9. Jacques Lacan, *De la psychose paranoïaque dans ses rapports avec la personnalité*, op.cit., p.311.
10. François Leguil, "Lacan avec et contre Jaspers", *Ornicar?*, nº48, Paris, Navarin.
11. Jacques Lacan, "Motif du crime paranoïaque: le crime des soeurs Papin", in *De la psychose paranoïaque dans ses rapports avec la personnalité*, op.cit., p.389.
12. Jacques Lacan, *De la psychose paranoïaque dans ses rapports avec la personnalité*, op.cit., p153.
13. Didier Anzieu, *Une peau pour les pensées*, entrevista com G. Tarrab, Paris, Clancier-Guénaud, 1986.
14. Jean Allouch, "Historique du cas Aimée", *Littoral*, nº27/28, Érès, 1989.
15. Jacques Lacan, *De la psychose paranoïaque dans ses rapports avec la personnalité*, op.cit., p.221.
16. Ibid., p.220.
17. Ibid., p.221.
18. Ibid., p.222.
19. Ibid., p.225.
20. Idem.
21. Ibid., p.226.
22. Ibid., p.227.
23. Ibid., p.228.
24. Idem.
25. Ibid., p.231.
26. Ibid., p.232.
27. Idem.
28. Jacques-Alain Miller, "Cause et consentement" (1987-1988), Curso "L'orientation lacanienne", inédito.
29. Éric Laurent, "Une lecture de la 'Note sur l'enfant'", *Bulletin du Groupe Petite Enfance*, nº18, out 2002.
30. Jacques Lacan, *De la psychose paranoïaque dans ses rapports avec la personnalité*, op.cit., p.155.
31. Élisabeth Roudinesco, *Jacques Lacan*, Paris, Fayard, 1993, p.64. [Ed. bras.: *Jacques Lacan*, São Paulo, Companhia das Letras, 1994.]
32. Jacques Lacan, *De la psychose paranoïaque dans sés rapports avec la personnalité*, op.cit., p.162.
33. Ibid., p.163.
34. Ibid., p.265.
35. Ibid., p.170.
36. Ibid., p.165.
37. Sigmund Freud, "Communication d'um cas de paranoïa contraire à la théorie psychanalytique", in *Névrose, psychose et perversion*, Paris, PUF, 1973, p.209-18. [Ed. bras.: ESB, vol.14.]
38. Jacques Lacan, *De la psychose paranoïaque dans ses rapports avec la personnalité*, op.cit., p.165.
39. Ibid., p.166.

40. Jacques Lacan, "D'une question préliminaire à tout traitement possible de la psychose", in *Écrits*, Paris, Seuil, 1966, p.569. [Ed. bras.: "De uma questão preliminar...", in *Escritos*, op.cit., p.576.]
41. Jacques Lacan, *De la psychose paranoïaque em ses relations avec la personnalité*, op.cit., p.177.
42. Ibid., p.167.
43. Ibid., p.289.
44. Ibid., p.191.
45. Ibid., p.195.
46. Ibid., p.172.
47. Idem.
48. Ibid., p.156.
49. Ibid., p.177.
50. Ibid., p.176.
51. Elisabeth Roudinesco, *Histoire de la psychanalyse en France*, tomo 2, Paris, Seuil, 1986. [Ed. bras.: *História da psicanálise na França*, Rio de Janeiro, Jorge Zahar, 1989.]
52. Jacques Lacan, "D'une question préliminaire à tout traitement possible de la psychose", op.cit., p.571. [Ed. bras.: p.578.]

Gaston Chaissac, um bricoleur *de real — Monique Amirault (p.107-17)*

1. Carta a J.L'A, in *Hippobosque au Bocage*, Paris, Gallimard, L'Imaginaire, 1951, p.66.
2. Carta a R. Briant, in *Je cherche mon éditeur*, Ed. Rougerie, p.152.
3. Jacques Lacan, "Propos sur la causalité psychique", in *Écrits*, Paris, Seuil, 1966, p.167. [Ed. bras.: "Formulações sobre a causalidade psíquica", in *Escritos*, Rio de Janeiro, Jorge Zahar,1998, p.168.]
4. Carta a M. Ragon, Musée de l'Abbaye Sainte-Croix, Les Sables d'Olonne, inédita.
5. Cf. "Un sujet dans le brouillard", caso apresentado por H. Castanet, in *La Conversation d'Arcachon*, Paris, Agalma-Seuil, col. Le Paon.
6. Citado por Françoise Frauconnet-Buzelin, "Biographie", in *Catalogue de la Rétrospective Gaston Chaissac, Réunion des Musées Nationaux*, 1998.
7. Citado por F. Fauconnet-Buzelin, idem.
8. Carta de André Marchand a Jacques Kober, citada por F. Fauconnet-Buzelin, idem.
9. Carta a P. Boujut, in *Lettres du Morvandiau em blouse boquine,* Plein Chant, p.113.
10. Carta a R. Briant, op.cit., p.130.
11. Ibid., p.169.
12. Éric Laurent, "Le sujet psychotique écrit", *Analytica*, nº58, 1989.
13. Carta a J.L'A, in *Hippoposque au Bocage*, op.cit., p.53.
14. Carta inédita, in *Très amicalement votre*, Daily-Bul.
15. Carta ao padre Coutant, in *Le laisser aller des éliminés*, Plein Chant, p.66.
16. Ibid., p.47.
17. Carta a R. Briant, in *Je cherche mon éditeur*, op.cit., p.133.
18. Ibid., p.127.
19. Carta a J. L'A, in *Hippobosque au Bocage*, op.cit., p.62.
20. Carta a J. Dubuffet, in *Hippobosque au Bocage*, op.cit, p.176.
21. Carta a J. L'A, op.cit., p.65.
22. Carta ao padre Coutant, op.cit., p.83.

23. Carta a J. Roche, citada por Françoise Fauconnet-Buzelin, "Biographie", in *Catalogue de la Rétrospective Gaston Chaissac*, op.cit.
24. Carta a R. Briant, op.cit., p.131.
25. Ibid., p.138.
26. Ibid., p.126.
27. Carta a R. Giraud, inédita.
28. Carta a P. Boujut, op.cit., p.65.
29. Carta a Camille, inédita.
30. Carta a J. Dubuffet, op.cit., p.7.
31. Carta a J. L'A, op.cit., p.54.
32. Carta a R.G., op.cit., p.116.
33. Carta ao padre Coutant, op.cit., p.60.
34. Carta inédita, nota, in *Je cherche mon éditeur*, op.cit., p.179.
35. Carta a Camille Chaissac, inédita.
36. Carta a Michel Ragon, inédita, citada em *Lettre du Morvandiau en blouse boquine.*
37. Matemas propostos por J.-A. Miller, "Sept remarques de J.-A. Miller sur la création", *Lettre Mensuelle*, nº68.
38. Jacques Lacan, "La troisième", Roma, nov 1994, inédito.
39. Inédita, coleção particular.
40. Jacques Lacan, "Nomina non sunt consequentia rerum", Seminário de 8 de março de 1977. [Ed. bras.: "Nomina non sunt consequentia rerum", *Opção Lacaniana*, nº28, São Paulo, 2000, p.6.]
41. "Note", inédita.
42. Carta a P. Boujut, op.cit., p.77: *Encycl. Folklore*: As professoras dos cursos complementares em Dijon são as duquesas de Bourgogne. Nossas pesquisas nos permitem afirmar que somos os primeiros a mencionar esse título evocador — que de bom grado imaginamos elogioso — discernido a uma pequena categoria de professoras primárias por um general da Educação Nacional. Respeitando sua liberdade intelectual, certos de seu bom gosto, confiamos aos senhores a tarefa de escolher à qual das cinco acepções propostas pelos melhores espíritos de nossa época convém afixar esse belo exemplo local. Duquesa de Bourgogne, *née* Pedagogia da Classe Única.
43. Carta a R. Rougerie, in *Je cherche mon éditeur*, op.cit., p.83.
44. Carta a J. Dubuffet, op.cit., p.92.
45. "Note", inédita.
46. Carta a J. Dubuffet, op.cit., p.196.
47. Ibid., p.29.
48. Carta a R. Rougerie, op.cit., p.86.
49. Cf. intervenção de J.-A. Miller na Conveção de Antibes, 19 set 1998.
50. Carta a J. L'A, op.cit., p.61.
51. Carta a R. Rougerie, op.cit., p.30.
52. Carta a R. Briant, op.cit., p.168.
53. Carta a J. L'A, op.cit., p.56.
54. Carta a M. David, coleção particular.
55. Carta a J. Dubuffet, coleção particular.
56. Carta ao padre Coutant, op.cit., p.23.
57. Carta a J. Dubuffet, op.cit., p.92.
58. Carta ao abée Coutant, op.cit., p.75.
59. Carta a R. Briant, op.cit., p.117.
60. Ibid., p.116.

61. Ibid., p.169.
62. Jacques-Alain Miller, "Sur le Gide de Lacan", *La Cause Freudienne*, nº25. [Ed. bras.: "Sobre o Gide de Lacan", *Opção Lacaniana*, nº22, São Paulo, 1998, p.16.]
63. Carta a R. Briant, op.cit., p.166.
64. Entrevista coletiva de Jacques Lacan, em Roma, 29 out 1974.
65. Jacques Lacan, *O Seminário*, "L'insu que sait de l'une bévue...", lição de 18 de janeiro de 1977, *Ornicar?*, nº15.
66. Carta ao padre Coutant, op.cit., p.46.
67. "Carta", Musée des Sables-d'Olonne, inédita.
68. "Nota inédita". Devemos as notas inéditas a Annie Chaissac que gentilmente colocou-as à nossa disposição.

Sobre a honra e a vergonha — Jacques-Alain Miller (p.118-39)

1. Éric Laurent, apresentação durante a lição de 29 de maio de 2002 da *Orientação Lacaniana III, 4*, publicada em *Élucidation.*
2. Jacques Lacan, *Le Séminaire*, livre VII, *L'éthique de la psychanalyse*, Paris: Seuil, p.350-1. [Ed. bras.: *O Seminário*, livro 7, *A ética da psicanálise*, Rio de Janeiro, Jorge Zahar, 1988.]
3. Cf. Max Weber, *Histoire économique: esquisse d'une histoire universelle de l'économie et de la société.* Paris, Gallimard, Bibliothèque des Sciences Humaines, 1992; R.H. Tawney, *Religion and the Rise of Capitalism*, Nova York: Harcourt, Brace & World, 1926.; *La religion et l'essor du capitalisme.* Paris: Marc Rivière, Bibliothèque d'Histoire Économique et Sociale.
4. Cf. seção XIII de *A ética da psicanálise*, op.cit.
5. *Vatel*, filme franco-britânico-belga, 1999, levado às telas em maio de 2000, direção de Roland Joffé.
6. Jacques Lacan, *L'éthique de la psychanalyse*, op.cit., p.352.
7. Jacques Lacan, "... ou pire. Compte-rendu du Séminaire 1971-72", in *Autres écrits*, Paris, Seuil, 2001, p.547. [Ed. bras.: "... ou pior. Relatório do Seminário 1971-72", in *Outros escritos*, Rio de Janeiro, Jorge Zahar, p.544.]
8. Jacques Lacan, "Jeunesse de Gide ou la lettre et le désir", in Escritos, Paris, Seuil, 1966, p.756. [Ed. bras.: "Juventude de Gide ou a letra e o desejo", in *Escritos*, Rio de Janeiro, Jorge Zahar, 1998, p.768.]
9. Jacques Lacan, "Fonction et champ de la parole et du langage", in *Écrits*, op.cit., p.281. [Ed. bras.: "Função e campo da fala e da linguagem", in *Escritos*, op.cit., p. 283.]
10. Ibid., p.284. [Ed. bras.: p.285.]
11. Idem.
12. Jacques Lacan, *L'éthique de la psychanalyse*, op.cit., p.208.
13. Idem.
14. J.-A. Miller refere-se a Daniel Widlöcher; sua entrevista com ele foi publicada em março de 2003, no primeiro número da revista *Psychiatrie et Sciences Humaines.*

Este livro foi composto pela
Futura Editoração, em Minion e Stone Sans,
e impresso pela Cromosete em agosto de 2004.